中国传统民俗文化
——收藏系列

中国古代青铜器

李 楠 编著

中国商业出版社

图书在版编目（CIP）数据

中国古代青铜器/李楠编著. -- 北京：中国商业出版社，2014.12
　　ISBN 978-7-5044-8518-2

Ⅰ．①中… Ⅱ．①李… Ⅲ．①青铜器（考古）-研究-中国-古代 Ⅳ．①K876.41

中国版本图书馆CIP数据核字（2014）第299135号

责任编辑：刘洪涛

中国商业出版社出版发行
010-63180647　www.c-cbook.com
（100053 北京广安门内报国寺1号）
新华书店总店北京发行所经销
北京飞达印刷有限责任公司
*
710×1000毫米　16开　12.5印张　200千字
2015年1月第1版　2015年1月第1次印刷
定价：25.00元
* * *
（如有印装质量问题可更换）

《中国传统民俗文化》编委

主　编　傅璇琮　著名学者，原国务院古籍整理出版规划小组秘书长，清华大学古典文献研究中心主任教授，原中华书局总编辑

顾　问　蔡尚思　著名历史学家，中国思想史研究专家
　　　　卢燕新　南开大学文学院副教授
　　　　王永波　四川省社会科学院文学研究所副研究员
　　　　叶　舟　中国思维科学研究院院长，清华大学、北京大学特聘教授
　　　　于春芳　北京第二外国语学院教授
　　　　杨玲玲　西班牙文化大学文化与教育学博士

编　委　陈鑫海　首都师范大学中文系博士
　　　　李　敏　北京语言大学古汉语古代文学博士
　　　　赵　芳　出版社高级编辑，曾编辑出版过多部文化类图书
　　　　韩　霞　山东教育基金会理事，作家
　　　　陈　娇　山东大学哲学系讲师
　　　　吴军辉　河北大学历史系讲师
　　　　石雨祺　出版社高级编辑，曾编辑出版过多部历史类图书
　　　　王　欣　全国特级教师

策划及副主编　王　俊

序　言

　　中国是举世闻名的文明古国，在漫长的历史发展过程中，勤劳智慧的中国人，创造了丰富多彩、绚丽多姿的文化，可以说人创造了文化，文化创造了人，这些经过锤炼和沉淀的古代传统文化，凝聚着华夏各族人民的性格、精神、智慧，是中华民族相互认同的标志和纽带。在人类文化的百花园中摇曳生姿，展现着自己独特的风采，对人类文化的多样性发展做出了巨大贡献。中国传统民俗文化内容广博，风格独特，深深地吸引着世界人民的眼光。

　　正因如此，我们必须深入学习贯彻十八届三中全会精神，按照中央的规定，加强文化建设。2006年5月，时任浙江省委书记的习近平同志就已提出："文化通过传承为社会进步发挥基础作用，文化会促进或制约经济乃至整个社会的发展。"又说："文化的力量最终可以转化为物质的力量，文化的软实力最终可以转化为经济的硬实力"（《浙江文化研究工程成果文库总序》）。今年他去山东考察时，又再次强调：中华民族伟大复兴，需要以中华文化发展繁荣为条件。

　　学习习近平同志的重要讲话，确可体会到，在政治、经济、军事、社会和自然要素之中，文化是协调各个要素协同发展、相关耦合的关健。正因为此，我们应该对华夏民族文化进行广阔、全面的检视。我们应该唤醒我们民族的集体记忆，复兴我们民族的伟大精神，发展和繁荣中华民族的优秀文化，为我们民族在强国之路上阔步前行创设先决条件。

实现民族文化的复兴,更必须传承中华文化的优秀传统。现代中国人,特别是年轻人,对传统文化十分感兴趣,蕴含感情。但当下也有人对具体典籍、历史事实不甚了解,比如说,中国是书法大国,谈起书法,有些人或许只知道些书法大家如王羲之、柳公权等等的名字,知道《兰亭集序》是千古书法珍品,仅此而已。再比如说,我们都知道中国是闻名于世的瓷器大国,中国的瓷器令西方人叹为观止,中国也因此而获得了"瓷器之国"(英语 china 的另一义即为瓷器)的美誉。然而关于瓷器的由来、形制的演变、纹饰的演化、烧制等等瓷器文化的内涵,就知之甚少了。中国还是武术大国,然而国人的武术知识,或许更多地来源于一部部精彩的武侠影视作品,对于真正的武术文化,我们也难以窥其堂奥了。我们还是崇尚玉文化的国度,我们的祖先,发现了这种"温润而有光泽的美石",并赋予了这种冰冷的自然物以鲜活的生命力和文化性格,例如"君子当温润如玉"、女子应"冰清玉洁"、"守身如玉";"玉有五德",即"仁"、"义"、"智"、"勇"、"洁",等等。今天,熟悉这些玉文化的内涵的国人,也为数不多了。

也许正有鉴于此,有忧于此,近年来,已有不少有志之士,开始了复兴中国传统文化的努力,读经热开始风靡海峡两岸,不少孩童乃至成人,开始重拾经典,在故纸旧书中品味古人的智慧,发现古文化历久弥新的魅力。电视讲坛里一波又一波对古文化的讲述,也吸引着数以万计的人们,重新审视古文化的价值。现在放在读者眼前的这套"中国传统民俗文化丛书",也是这一努力的又一体现。我们现在确应注重研究成果的学术价值和应用价值,充分发挥其认识世界、传承文化、创新理论、咨政育人的重要作用。

中国的传统文化内容博大,体系庞杂,该如何下手,如何呈现?这套丛书处理得可谓系统性强,别具心思。编者分别按物质文化、制度文化、精神文化等方面来分门别类地进行组织编写,例如在物质文化的层面,就有中国古代纺织、中国古代酒具、中国古代农具、中国古代青铜器、中国古代钱币、中国古代石刻、中国古代木雕、中国古代建筑、中国古代砖瓦、中国古代玉器、中国古代陶器、中国古代漆器、中国古代桥梁等等。

在精神文化的层面，就有中国古代书法、中国古代绘画、中国古代音乐、中国古代艺术、中国古代篆刻、中国古代家训、中国古代戏曲、中国古代版画等等；在制度文化的层面，就有中国古代科举、中国古代官制、中国古代教育、中国古代军队、中国古代法律等等。

此外，在历史的发展长河中，中国各行各业还涌现出一大批杰出的人物，至今闪耀着夺目的光辉，启迪后人，示范来者，对此，这套丛书也给予了应有的重视，中国古代名将、中国古代名相、中国古代名帝、中国古代文人、中国古代高僧等等，就是这方面的体现。

生活在21世纪的我们，或许对古人的生活颇感好奇，他们的吃穿住用如何？他们如何过节？如何安排婚丧嫁娶？如何交通？孩子如何玩耍？等等。这些饶有兴趣的内容，这套中国传统民俗文化丛书，都有所涉猎，例如中国古代婚姻、中国古代丧葬、中国古代节日、中国古代风俗、中国古代礼仪、中国古代饮食、中国古代交通、中国古代家具、中国古代玩具、中国古代鞋帽等等，这些书籍介绍的，都是人们深感兴趣，平时却无从知晓的内容。

在经济生活的层面，这套丛书安排了中国古代农业、中国古代纺织、中国古代经济、中国古代贸易、中国古代水利、中国古代车马、中国古代赋税等等内容，足以勾勒出古人经济生活的主要内容，让今人得以窥见自己祖先曾经的经济生活情状。

在物质遗存方面，这套丛书则选择了中国古镇、中国古楼、中国古寺、中国古陵墓、中国古塔、中国古战场、中国古村落、中国古街、中国古代宫殿、中国古代城墙、中国古关等内容。相信读罢这些书，喜欢中国古代物质遗存的读者，已经能大致掌握这一领域的大多数知识了。

除了上述内容外，其实还有很多难以归类却饶有兴趣的内容，例如中国古代的乞丐这样的社会史内容，也许有助于我们深入了解这些古代社会底层民众的真实生活情状，走出武侠小说家们加诸他们身上的虚幻不实的丐帮色彩，还原他们的本来面目，加深我们对历史真实的了解。继承和发扬中华民族几千年创造的的优秀文化和民族精神是我们责无旁贷的历史责任。

不难看出，单就内容所涵盖的范围广度来说，有物质遗产，有非物质遗产，还有国粹。这套丛书无疑当得起"中国传统文化的百科全书"的美誉了。这套书还邀约了大批相关的专家、教授参与并指导了稿件的编写工作。应当指出的是，这套书在写作中，既钩稽、爬梳大量古代文化文献典籍，又参照近人与今人的研究成果，将宏观把握与微观考察相结合。在论述、阐释中，既注意重点突出，又着重于论证层次清晰，从多角度、多层面对文化现象与发展加以考察。这套丛书的出版，有助于我们走进古人的世界，了解他们的美好生活，去回望我们来时的路。学史使人明智。历史的回眸，有助于我们汲取古人的智慧，借历史的明灯，照亮未来的路，为我们中华民族的伟大崛起添砖加瓦。

是为序。

2014年2月8日

前　言

　　青铜器是由青铜（多为红铜和锡、铅的合金，其中锡和铅的成分都必须大于2%）制成的各种器具，诞生于人类文明的青铜时代。由于在世界各地均有被发现，青铜器被视为一种世界性文明的象征。

　　最早的青铜器出自约5000年到6000年前的西亚两河流域地区，被发现的苏美尔文明时期的雕有狮子形象的大型铜刀是早期青铜器的代表。尔后随时间演化，在大约2000多年前，青铜器逐渐由铁器所取代。中国使用青铜器的历史相当久远，可以远溯到夏商周之时。中国青铜器古朴凝重，造型典雅，是祖先智慧的结晶。中国青铜器在铸造工艺方面有着独特传统，造型丰富、品种繁多、精品迭出，具有很高的科研和观赏价值。中国青铜器贯穿了中华民族的整个文明史，形成了独具特色、丰富多彩的青铜文化。它不仅是中国文化的一个重要组成部分，在历史上占有重要的地位，更是中华民族的瑰宝。

　　中国青铜器种类繁多，造型奇特，纹饰瑰丽，铭文丰富而且铸造技术复杂，其辉煌程度是世界上任何一个文明古国的青铜器所无法比拟的。

由于青铜器以其独特的器形、精美的纹饰、典雅的铭文向人们揭示了古代的铸造工艺、文化水平和历史渊源，因此青铜器被史学家们称为"一部活生生的史书"，成为中国古文明的缩影与再现。

本书从青铜器的历史渊源开始说起，以图文并茂的方式，介绍了它的类别、纹饰、铭文、断代、分期、冶炼、铸造、鉴定等内容，每章都有与青铜器相关的知识链接，以使读者可以对中国古代青铜器有更深刻全面的认识。

目录

第一章 历史的印记——青铜器

第一节 认识青铜器 ………………………………………… 2
青铜 ……………………………………………………… 2
中国青铜器 ……………………………………………… 4
中国青铜器的特色 ……………………………………… 7

第二节 青铜器的发展历程 ………………………………… 9
新石器时代青铜器 ……………………………………… 9
先秦青铜器 ……………………………………………… 12
秦汉青铜器 ……………………………………………… 22
三国两晋青铜器 ………………………………………… 30
南北朝时期青铜器 ……………………………………… 31
宋代到明代的青铜器 …………………………………… 36
清代青铜器 ……………………………………………… 42

第二章 五彩缤纷的青铜器

第一节 乐器 ………………………………………………… 46
钟 ………………………………………………………… 46

鼓	47
铙	49
钲	49

第二节　食器 ………………………………………… 51
鼎	51
鬲	52
甗	53

第三节　酒器和水器 …………………………………… 56
盘	56
匜	56
盂	57
鉴	57
缶	58
盆	58

第四节　日常生活用具 ………………………………… 60
犁	60
锄	60
斤	61
斧	61
凿	62
锉	64
锥	65
尺	66
量	67

权 …………………………………………………………… 68

第三章 独领风骚的青铜器工艺

第一节 认识青铜器工艺 …………………………………… 72

青铜器工艺的崛起 ……………………………………… 72
繁荣的青铜器工艺 ……………………………………… 73
青铜器工艺的原材料 …………………………………… 76
青铜器铸造过程 ………………………………………… 78

第二节 独具魅力的青铜艺术 ……………………………… 85

造型艺术 ………………………………………………… 85
装饰艺术 ………………………………………………… 88
金文书法艺术 …………………………………………… 91

第四章 举世无双的青铜器纹饰和铭文

第一节 美轮美奂的青铜器纹饰 …………………………… 98

动物纹 …………………………………………………… 98
人物画像图案 …………………………………………… 104
几何形纹 ………………………………………………… 104
弦纹 ……………………………………………………… 105
乳丁纹 …………………………………………………… 105

第二节 独具特色的青铜器铭文 …………………………… 109

商代青铜器铭文 ………………………………………… 109
西周青铜器铭文 ………………………………………… 114

东周青铜器铭文 ··· 119

秦汉青铜器铭文 ··· 122

第五章 独具慧眼——青铜器鉴赏

第一节 初识青铜器的鉴赏 ·· 128

青铜器鉴赏的起源 ··· 128

青铜器鉴赏的方法 ··· 130

青铜器的纹饰鉴赏 ··· 133

青铜器的铭文鉴赏 ··· 134

青铜器的保养 ··· 138

第二节 重要时期青铜器辨伪 ·· 141

唐代青铜器辨伪 ··· 141

宋代青铜器辨伪 ··· 142

明代青铜器辨伪 ··· 143

清代青铜器伪作 ··· 146

第三节 著名青铜器欣赏 ·· 147

后母戊鼎 ··· 147

四虎铜镈 ··· 149

鸟纹三戈 ··· 150

双羊尊 ··· 153

晋侯鸟尊 ··· 154

大克鼎 ··· 155

毛公鼎 ··· 156

曾侯乙尊盘 ··· 160

越王勾践剑 …………………………………… 161

秦始皇铜车马 ………………………………… 164

昭明透光镜 …………………………………… 166

勾连云纹敦 …………………………………… 169

永乐大钟 ……………………………………… 172

参考书目 …………………………………… 181

第一章

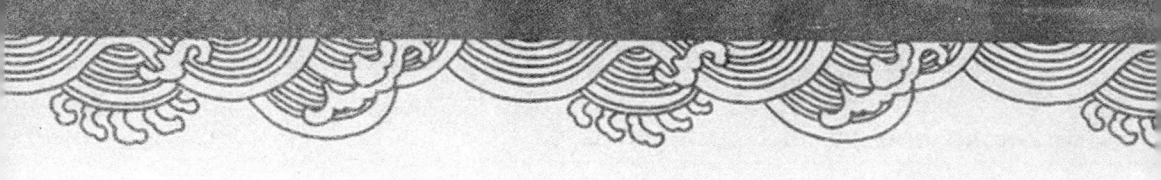

历史的印记——青铜器

公元前21世纪，中国进入青铜时代。在商周奴隶制社会，青铜器成为贵族代表身份的礼器。文饰精美、形象生动、技术高超、种类繁多的古青铜艺术是中国历史上最灿烂的文化遗产，对中华民族以后各种艺术的发展都产生了深远的影响。现在，青铜器已经成为中华民族的一大瑰宝。

第一节
认识青铜器

青铜

　　青铜是一种铜合金，即以铜为基础，加入其他金属或非金属元素而构成的一种金属材料。传统上将铜合金分为黄铜、白铜、青铜三大类，黄铜是铜与锌的合金；白铜是铜与镍的合金；除黄铜、白铜以外的所有铜合金都称为青铜，也因其呈青色，故名青铜。黄铜和白铜出现的时间较晚，应用也不如青铜多，而且在历史上所起的作用没有青铜大。

　　红铜，又称纯铜。自然界就存在这种铜，称作自然铜或自来铜。它的含铜量可高达95%以上，呈红色。由于铜矿石大多与其他金属伴生，所以红铜中也常常含有少量其他金属。一般把锡含量少于2%、铅含量少于3%的铜，均称为红铜。红铜的熔点为1083.3℃（《辞海》），虽然也可以制成各种器具，但因硬度较差、铸造过程中流动性能不好、易吸收气体、冷却时收缩性比较大等易

秦铜量

导致缺陷和疏松。因此，它多被用于制作礼仪性的礼器或形体较小的工具及装饰物品。

与红铜相比，青铜具有许多优点。青铜熔点较低，硬度却较高，而且具备较好的铸造性能与机械性能。例如：铜合金中若含10%的铅，它的熔点可以降低43℃；若含10%的锡，其熔点可以降低73℃；若含20%的铅，熔点可降低83℃；若含20%的锡，熔点可降低193℃。就硬度而言，红铜的布氏硬度为35，加入5%~7%的锡，其硬度可以增高到50~65；如果加入9%~10%的锡，它的硬度可增高至70~100。在红铜中加入铅和锡以后，还能改善铸液的流动性能，从而使青铜器表面的装饰花纹及其细部都能达到清晰而理想的效果。

按其主要成分，青铜被分为不同的种类，每种青铜在其前面冠以主要合金元素的名字，如锡青铜、铅青铜、铍青铜、锡铅青铜等。锡含量超过3%、不含铅或铅含量不足2%的铜合金为锡青铜，锡青铜不仅具有色泽光亮的外观，而且具有硬度大、韧性好、熔点低、流动性能好、气孔疏松等优点，具有良好的铸造性能。锡青铜器具出土不少，如河南偃师二里头遗址出土的青铜器中，有的含铜量为91%，含锡8%，其他杂质为1%；河南洛阳出土的有"丰伯"铭文的青铜戈和剑，分别含铜84.31%和85.22%，含锡为11.65%和11.76%。这几件铜器都不含铅，但多数铜器中还是含有少量的铅。

不含或只含少量锡（含锡量低于2%）的铜合金为铅青铜。如河南安阳殷墟出土的铜镞，有的含铜83.46%、铅9.8%、铁1.4%，不含锡。铅青铜的硬度较低。由于铅和铜在液态下互不溶解，凝固后铅成了细小的颗粒，所以对铜基体没有固溶强化的作用。铅青铜的抗腐蚀性能也较差，当它遇到含碳酸的水时，铅首先被腐蚀。

锡铅青铜是以锡、铅为主要合金元素的三元合金，一般含锡量高于2%、含铅量高于3%的铜合金为锡铅青铜。在铜锡合金中加入铅，可以降低熔点，并可增加铜液的流动性，这种三元合金也能铸成质地坚硬、表面光泽的青铜器。与锡相比，铅易得，成本也较低。对安阳殷墟出土的铜器进行分析的结果表明，我国至少在商代晚期已经出现了这种锡铅青铜，大约在商王武丁前后，古代工匠就已经掌握了这种三元合金的工艺。这比西方国家要早好几个世纪。

中国青铜器

中国考古学对青铜器的定义是：中国青铜器特指商代和两周时期的青铜器物，这些器物以铜质为主，加入少量锡和铅浇铸而成，器物颜色呈青灰而得名。其种类主要有工具、兵器、烹饪器、食器、酒器、水器、乐器、车马器等，形制多样，纹饰精美，铭文不仅为书法艺术瑰宝且是研究中国古代史的重要资料。商代和西周前期的青铜器物，形制端庄厚重、精细华丽；纹饰多为饕餮纹、夔龙纹、动物纹及几何形纹；铭文苍劲古朴，一般字数较少。从西周中期到春秋中期，风格趋于简朴，形制随意，纹饰也多为粗线条的几何图案，但长篇铭文却比以前增多，这或许是文字发展的缘故所致。春秋后期至战国时代的青铜器物，形制轻薄精巧，纹饰除动物纹、几何形纹外，还有用细线雕刻狩猎、战争、宴会的图案。

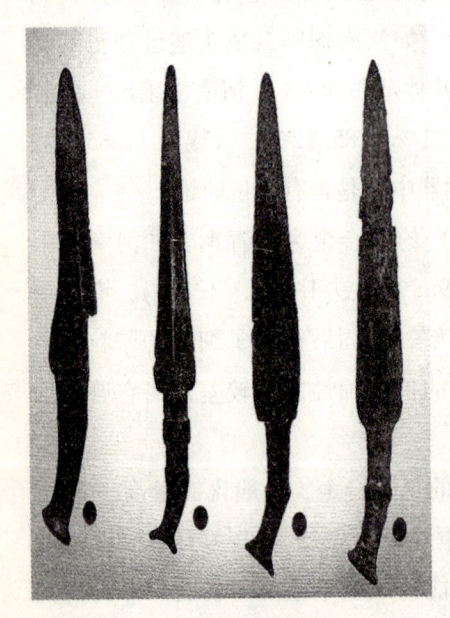

青铜器的发明是一个划时代的创造，它是奴隶制社会生产力发展水平的重要特征，我国商、西周、春秋三个历史时期就属于青铜时代。而中国青铜器最早出现在什么时候呢？这一问题目前尚难定论。一般认为，早在传说中的炎黄时代就已经出现了青铜器物。有一则传说故事叫"蚩尤作兵"，蚩尤统率本部人马进攻黄帝部族，双方"战于涿鹿之野"，交战之初，蚩尤军节节胜利，因为他们

中国青铜器

拥有戈、殳、戟、酋矛、夷矛等5种兵器，估计这些兵器就是用铜制成的。后来，黄帝制作了指南车用于战争，才扭转了战局并制服了蚩尤。据《子华子》记载：为庆贺胜利，黄帝还派人去首山采铜矿，然后将铜矿石运到荆山脚下铸鼎，作为战争胜利的纪念。

这些传说故事似乎说明：早在炎黄时代，我国就已经出现了青铜器。但无论"蚩尤作兵"还是"黄帝铸鼎"都毕竟是传说，不足为据。若以我国出土的最古老的青铜器——马家窑青铜刀而论，中国青铜器制品最早出现的时间决不会晚于距今4000年以前，即夏朝建立之前就已经出现了铸铜。马家窑文化遗址位于甘肃东乡，其出土的青铜刀是采用单范铸造的，它可以说是我国现在公认的最古老的青铜制品。而这一文化遗址据考订，系4000年前的遗迹。后来考古工作者在河南登封王城岗、淮阳平粮台和郾城郝家台龙山古城进行发掘，在这些遗址中发现了铸造器物时留下的青铜渣。而上述遗迹据考订，当在4000多年以前。综上考古发现足以说明：中国青铜器最早产生的时间当在距今4000多年以前。

知识链接

世界其他国家的青铜器

就世界范围来说，青铜器是所有文物中比较重要的一类。

世界各国及地区使用青铜器的时间不一样，其中以伊朗南部、土耳其和美索不达米亚一带使用青铜器最早，距今约有5000多年历史，这些地方曾是世界文明最早的发祥地之一。其次是欧洲及印度，距今也有4000多年历史。非洲稍晚，比中国晚1000多年。美洲的青铜历史始于何时还不清楚，大约是公元以后。

在印度河流域，使用最普遍的青铜器是工具与武器，有斧、镰、锯、刀、剑、镞、矛等；还有手镯、脚镯之类的装饰品。越南的青铜器制品与中国相仿，东南亚各国的青铜器受到中国南部青铜器的深刻影响。与中国北方邻近的国家与地区的青铜器，如曲柄刀、短剑、锛、弓形器等，显然与中国北方出土的某些器物相似。日本的青铜剑、戈、矛等是由中国传去的。欧洲在公元前1600年后，迈锡尼文明兴起，装饰豪华的青铜武器是其代表；在此之前的米诺斯文明已进入青铜时代。巴尔干和东南欧也曾以青铜文化发达而著名，其中铜斧、三棱短剑、四棱锥子很有特点。而在南欧一带，青铜也多铸成武器，如刀、斧、剑、戟、弓箭。总而言之，世界其他国家与地区的青铜制品主要是武器与工具，生活器皿为辅。而在中国则以生活（包括祭祀用的）器皿为主，武器与工具所占比例较小。

　　在印度河流域，青铜铸造技术较高。匠人们熟练运用热加工、冷加工和焊接技术制造青铜器具。在公元前10世纪前后，欧洲人已知用失蜡法铸造铜器，而埃及在公元前1567年至1085年之间已发明了脚踏风箱这样的冶炼设备。

　　世界其他各地的上古青铜器绝大部分没有铸刻铭文，只有印度河流域地区发现有少量刻有铭文的青铜器。而中国大批有铭文的青铜器与之形成鲜明对比。从世界范围来看待中国青铜器，则中国青铜器的特点十分鲜明。

中国青铜器的特色

1. 数量大种类多

中国究竟有多少件青铜器物,这是谁也无法统计的数字。仅以有铭文的青铜器物而论,从汉代到现在,出土的就达一万件以上。若加上无铭文的铜器,其数量之多就可想而知了。正因为数量大,中国青铜器的品种也极其丰富,不仅有酒器、水器、食器、兵器、礼器,还有车马器、工具及各类生活用具等。这些青铜器造型生动、多彩多姿,数量巨大、品种繁多。

2. 分布地区广,且质量上乘

中国青铜器出土较为集中的地区是中原,但它的分布范围远远超出中原地区,东北、西北、巴蜀、岭南甚至西藏及东海渔岛上都发现有青铜器。这些青铜器造型生动精美,艺术风格各异。中国商周时代的青铜器,花纹随意、富丽典雅,其精品不胜枚举,如司母戊方鼎、虎食人卣、双羊尊、大克鼎、毛公鼎、莲鹤方壶、双雄宝剑、勾践剑、长信宫灯、嵌绿松石卧鹿、铜车马、铸造精致,具有撼人心魄的艺术感染力。铸造者根据不同青铜器物的硬度要求,准确把握铜锡比例,这是国外青铜器铸品不能比肩的。

3. 丰富的器物铭文

世界各地古青铜器绝大多数没有铭文,只有印度出土的少量青铜器铸有很短的铭文。中国青铜器有铭文者仅出土的就达一万余件,且铭文鸿篇巨制不少,如毛公鼎铭文长达497字。这些铭文字体,或粗犷放达,或苍劲有力,具有很高的书法欣赏价值。

4. 容器居多

以容器为主的中国青铜器在世界青铜文化中独树一帜。就世界范围而言,从印度河流域到巴尔干半岛，从米诺斯文明到迈锡尼文明，其青铜器的代表作大多为武器，如戈、矛、刀、箭、剑、戟、镞等，而中国却以铸造难度较大、纹饰复杂的容器为主。这些容器，尤其是鼎，堪称国家重器。其寓意深奥、内涵丰富，与政治纠缠在一起的神秘性始终是鉴定家及藏家们的兴趣所在。

知识链接

先秦时期：古老的青铜神话

我国先秦时期的夏、商、周三代，最重要的文化成就就是青铜的广泛应用。与之相对应的艺术文化形式，就是青铜器艺术的辉煌灿烂，因此这个时期出土的宫廷玩具大部分是青铜材料的；而民间玩具大都是陶制、石制和泥制的。在河南安阳小屯殷墟曾出土了一个青铜制的小盒盖，长6厘米，宽4厘米，在表面刻有"王作女屯弄"四字铭文。据推测，"女屯"可能是小女孩的名字，"弄"可能是玩弄的意思。所以这四个字的意思可能是某个大王制作这个让"女屯"玩耍。这只是一个青铜制的盒盖，至于盒子里面到底装了什么器物至今仍不清楚。但是据目前的推断，很有可能是小孩玩的玩具。另外，据《史记·殷本纪》记载："帝武乙无道，为偶人，谓之天神。与之搏，令人为行。天神不胜，乃僇辱之。"这一段文献是西汉时期的司马迁对商代历史所作的记述，虽主要记述政治之事，但从中也可以看出在商代民间，已经出现了一种以泥偶为主要道具的风俗。这种泥偶在很大程度上可以算作玩具。除了记载之外，殷墟还出土了许多石牛、石熊、石蝉等多种动物形象玩偶和玉雕的人物形象玩偶。

第二节
青铜器的发展历程

新石器时代青铜器

人类社会进入文明时代的标志除了城市的建立、文字的发明，另外一个重要标志就是金属冶炼的发明。金属冶炼的发明和使用，以铜的冶炼和铸造为最早，这是世界金属冶铸史上的普遍规律，在中国也不例外。众多文献记载和大量的考古发现资料表明，中国的青铜冶铸历史是相当早的。

下面举例分析各地出土的原始社会铜器的主要特征。

1. 仰韶文化铜制品：1956年在陕西西安半坡和1973年在陕西临潼姜寨仰韶文化遗址内，各发现一个薄铜片。半坡出土的为长条状，姜寨出土的为圆形。有关方面对这两件铜片进行了成分测定，前者为含镍20%的白铜，后者为含锌25%的黄铜。对这两件铜片，学者们持不同看法，一种意见对出土铜片的地层和时代持有疑问，另一种意见则认为仰韶文化已进入青铜时代。半坡和姜寨遗址依据碳－14测定，分别距今6000多年和5000多年。

2. 马家窑文化、马厂文化的青铜制品：1977年，在甘肃东乡林家马家窑遗址和1975年在甘肃永登连城蒋家坪马厂遗址，各出土了一件铜刀，前者完整，后者仅存刀体前半部。两刀均凸背凹刃，林家刀把与刀体无明显分界。

中国古代青铜器
ZHONG GUO GU DAI QING TONG QI

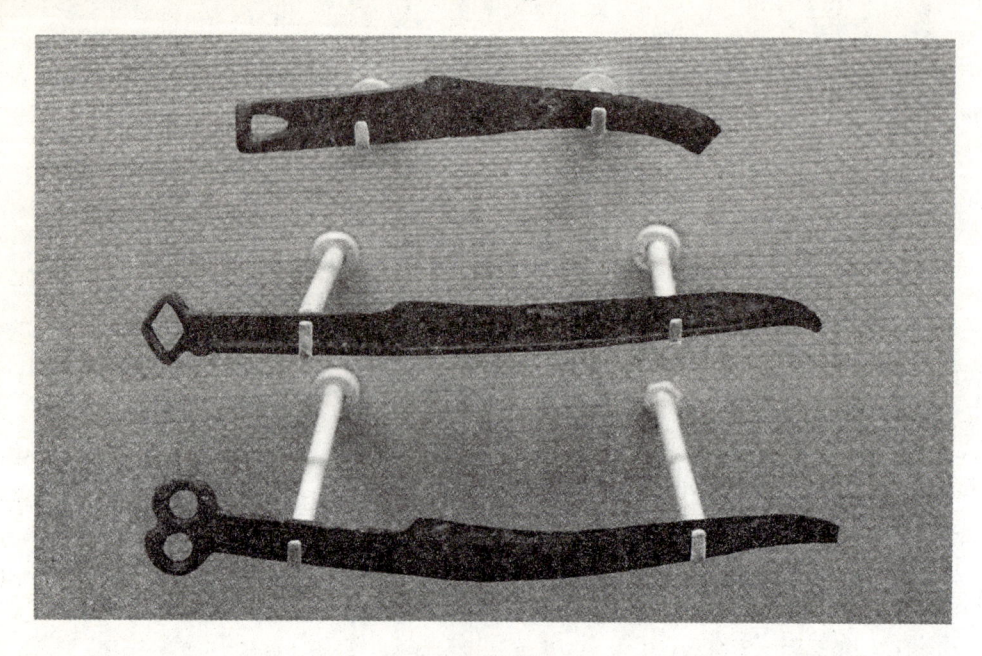

青铜刀

经过对铜刀合金成分的测定，两者都是锡青铜。马家窑文化为公元前3000年，马厂文化为公元前2300～前2000年，这两件青铜小刀是目前中国发现的最早的青铜制品。

3. 齐家文化铜制品：20世纪50年代以来发现的，黄河上游齐家文化的遗址和墓葬，出土了以工具和装饰品为主的红铜和青铜制品。齐家文化晚于马家窑文化，它处在铜石并用时代末期向青铜文化过渡时期，约在公元前2000年左右，晚于甘肃仰韶文化。主要地点在甘肃武威皇娘娘台、永靖大何庄、永靖秦魏家、广河齐家坪和青海贵南尕马台等地。工具有细长棒形的铜锥、扁平刃的凿、凸背凹刃的长条形刀等，装饰品则有由扁条铜片卷合而成的圆形指环和弓形小纽圆形铜镜。甘肃广河齐家坪出土的铜镜为素面，直径6厘米；青海贵南尕马台出土的一面铜镜，直径为9厘米，镜背面有两个同心圆，同心圆面饰有凸起的人字形弦纹和直线纹。需要指出的是，两面铜镜都是锡青铜所制，尕马台铜镜。锡的成分占10%，它们是迄今中国发现的最早的铜镜。

4. 龙山文化铜制品：1955年，河北唐山大城山遗址出土了两件大小相似的梯形铜片，据科研单位对两件铜片进行化学分析显示，含铜量分别为99.33%和97.97%。有的学者提出，这两件红铜片是"切割用的刀类"。1975年，河南临汝煤山类型二期文化遗址灰坑内，

古代青铜器底部

有用红烧土制成的炼铜坩埚残片，其中一块壁厚1.4厘米。重要的是，坩埚残片内壁粘有六层铜液痕迹，对铜液进行分析显示，成分为红铜。在河南淮阳平粮台龙山文化城址灰坑H15内，发现一块铜炼渣，呈铜绿色。郑州牛寨和董寨龙山文化遗址出土有坩埚残片和铜片，后者为铅青铜。

1983年，山西襄汾龙山文化陶寺遗址3296号墓内出土一件铜铃，器物表面有丝麻织物痕迹，表明随葬时外面包裹有丝麻织品。器体横断面呈菱形，口部较大，顶部略小，铃高2.65厘米。顶端有一圆孔，系铸成后再钻出的。经中国社会科学院考古研究所分析，该铃铅含量达97.86%，铜达1.54%，锌达0.16%，是目前中国发现的最早的金属乐器，反映了龙山文化晚期生产力发展的程度。1980年，河南登丰王城岗龙山文化第617号灰坑出土的铜器残片，宽约6.5厘米，残高5.7厘米，壁厚0.2厘米。其成分为含铜、锡、铅的青铜。依据残片形状，学者推测很可能是铜鬹腹底部残片。王城岗龙山文化遗址年代略早于或相当于夏代开国年代，因而可以得出这样的结论，即龙山文化末期的先民已会制作青铜容器了。

先秦青铜器

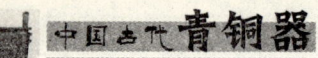

1. 夏代青铜器

商代以前，也就是夏代二里头文化期，这一时期得名于河南偃师二里头文化遗址的发掘。二里头遗址发现了相互叠压的四个文化层次，发掘出了墓葬和宫殿遗址。目前二里头遗址发现的青铜器虽不多，多是一些小工具和兵器矢镞及戈、戚等，但是其中发现了青铜礼器爵，发现的数量虽还不足10件，但这在铸造史上的地位极为重要。从铸造简单的兵器、工具到铸造容器，技术上是一个飞跃。中国古代青铜器以礼器为主体，青铜礼器是青铜时代的主要特征。二里头遗址中青铜礼器的发现，表明历史已进入具有古代中国特色的青铜时代。

二里头文化遗址中的青铜礼器出土于二里头文化遗址第三期。据碳－14测定，整个二里头文化期大约为公元前1900～1600年，属于夏代历史范围。夏人能铸造铜器，史有明载。二里头文化可以说是夏代的青铜文化。但是，对于二里头的4个文化期，考古界却认识不一致。一种意见认为，二里头文化四期的遗存，都属于夏文化。第二种意见认为，三、四期遗存与郑州二里岗文化有很多相似之处，属于商文化；一、二期遗存与河南龙文化有继承关系，属于夏文化。第三种意见认为，二里头的四期遗存全属商文化。

河南西部地区的二里头文化遗址，业已发现数十处。经过发掘的地点有郑州洛达庙和上街、陕县七里铺、洛阳东干沟、临汝媒山、淅川下王岗等地。山西汾河下游调查中，发现二里头文化遗址30多处。夏县的东下冯遗址，也曾作过发掘。但科学发掘的二里头文化青铜礼器，集中在偃师二里头文化遗址出土。河南的新郑和商丘地区，也有个别发现。

科学发掘的二里头文化期的青铜礼器，现仅限于饮酒器爵。其基本的特点是流狭而较平、尾短、无柱，或有柱状的雏形，底平。体较扁，下承三足。

体形分长体束腰式，长体方形，短足为三角段形。有些短足可能是使用损蚀所致。有的斝做成镂空状，这也是二里头文化期的特点。

二里头文化期的青铜器一般无纹饰，但有些爵的杯体正面有一排或两排圆钉状纹饰。有的斝腹有圆饼状突起，当是二里头文化期斝上纹饰的滥觞。虽然二里头文化期青铜礼器上未见动物形纹饰，但二里头文化遗址出土的青铜戈的内部，已有变形的动物纹饰，因而不能排除青铜礼器上出现动物纹的可能。

2. 商代青铜器

商代早期，相当于商二里岗文化期，郑州商城夯土中木炭测定其年代为公元前1620年，正合于商汤立国的时期。但是二里岗文化的下限还不大清楚。二里岗遗存的青铜器分上、下两层，两层的差别不在于风格方面，而是上层比下层的器类有更多的发展。商代早期青铜器在郑州出土很多，这是由于郑州商城是商代早期的都邑之故。有重要发现的在二里岗、白家庄、张寨南街、杨庄、南关外、铭功路、二士路等地。而这里遗址和墓葬中发现的商代早期青铜器，以二里岗上层的居多。

综合各地出土的器物，计有：鼎、大鼎、大方鼎、鬲、甗、簋、爵、管流爵、觚、斝、罍、瓿、提梁壶、瓠形提梁壶、中柱盘、盘等，涵盖了食器、酒器和水器等门类。较早的器类比较简单，但是爵、觚、斝组合的整套酒器，已普遍出现。二里岗上层出土的青铜器的器形更为发展，商代青铜礼器的体制业已形成。属于二里岗下层的青铜器，器壁普遍很薄。二里岗上层的青

古代其他盘

铜器，有的器壁已相当厚重。

商代早期青铜器具有独特的造型。鼎、鬲等食器三足，必有一足与一耳成垂直线，在视觉上有不平衡感。鼎、爵等柱状足或锥状足和器腹相通，这是由于当时还没有掌握对范芯的浇铸全封闭技巧。方鼎巨大，容器部分作正方深斗形，与殷墟时期长方槽形的方鼎完全不同。爵的形状继承二里头文化式样，一律为扁体平底、流甚狭而长。觚、尊、瓿、罍等圈足器皆有O形大孔，相当于二里岗上层的器，蕾字形有成为大方孔的，有的更在圈足的边沿留有数道缺口，郑州和黄陂盘龙城都出土过这种实物。管流斜置于顶上的半封顶袋足盉，后侧有一大鋬可执。

商代早期青铜器纹饰主体已是兽面纹，以粗犷的勾曲回旋的线条构成，全是变形纹样，除兽目圆大以为象征外，其余条纹并不具体表现物象的各个部位。纹饰多平雕，个别主纹出现了浮雕，二里岗上层尊罍等器肩上已有高浮雕的物首装饰。所有的兽面纹或其他动物纹都不以雷纹为主，是这一时期的特色。商代早期的几何形纹极其简单，有一些粗犷的雷纹，也有单列或多列的连珠纹，乳钉纹也已经出现。

商代早期的青铜器，极少有铭文，以前认为个别罍上的龟形是文字，实际上仍是纹饰而不是文字。

3. 西周青铜器

（1）西周前期的青铜器。从出土的青铜器来看，西周前期的青铜器大体继承了商代后期的风格，两个时期紧紧衔接，虽然是继承的一个客观因素，但更主要的是周灭商后，对从商和附属于商的方国俘虏来的手工业奴隶非常重视，比如《尚书·酒诰》说："又惟殷之迪诸臣惟工乃缅于酒，毋庸杀之，姑惟教之。"这是中国最早的禁酒令。这表明了周人主要利用商手工业奴隶来为自己生产，自然在青铜手工业上也不会例外，这样就改变了周人原来青铜手工业基础薄弱的状态，促使青铜制造业蓬勃发展。当时的青铜手工业仍由奴隶主贵族垄断，作坊内设有工官，管理和监督奴隶工匠劳动。

西周前期的青铜器,虽然继承了商代特点,变化不大,但在某些方面也出现了新的时代特色。

从总的特点看,与商后期一样,西周前期的器物仍有着厚重庄严的作风。在铜器数量上远远超过了商代。器物的种类,食器主要有鼎、毁、甗,鬲与豆少见,尤其是后者更稀少,酒器有爵、角、斝,觚、觯、尊、鸟兽尊、卣、壶、方彝、兕觥、勺等,爵、觚、方彝、兕觥等数量较商代大为减少,这可能与商末酗酒、周初禁酒有关;水器主要有盘;杂器有柉禁;钟代替了铙,在陕西宝鸡茹家庄和长安张家坡出土有3个一组的编钟,均为甬钟,钲间无铭;兵器有周特有的武器勾戟,非常盛行,剑开始出现;车马器新出现了辖、銮铃、伏兔等;工具有铲。

在组合上,商代的爵、觚的组合,逐渐被爵、觯和鼎的组合所代替。这一时期出现了3个以上大小相次的列鼎组合形式,鼎制的改变,意味着礼制的加强。

在形制上,三足器鼎、甗口沿有二直耳,柱足与兽形足并存;腹稍变浅,最典型的莫过于成王时代的师旅鼎了。成康时代鼎的另一个重要特点,是腹下垂,最大腹径在下部,如康王时代的大盂鼎。鼎下腹的这种特点,在同时期的卣、尊等物的腹上也有表现。有的圆形鼎,例如宝鸡茹家庄出土的,在圜底下面置盘,作为加热燃炭用。还有口呈三角形的鼎,也有带有腹耳的方鼎。二耳或四耳带方座卣,兽耳常常耸出器口,二耳的如利簋,四耳的如大丰卣。还有腹耳平盖鼎、腹外鼓方彝、高领鬲、四足甗、四足盉、方形圆口尊、有錾尊以及甘肃灵台白草坡出土的两件筒形卣、细高形腹微鼓的贯耳壶、盖两侧有长角上翘的卣、有双耳的盘等等,大多是这一时期出现的器形。戈援逐渐加

曾候乙青铜兵鉴青铜缶

宽加长，常有一穿至三穿，白草坡还出土过四穿戈。

在花纹上，仍以兽面纹和夔龙纹为主要题材。但兽面纹多富于变化，并逐渐图案化，一般仅保留颜面部分。夔龙纹多作张口、短身、躯体蜷曲形式，形成了这一时期富有特征的一种重要纹饰。鸟纹仍较盛行，变成长尾高冠的所谓凤鸟纹和分尾的长鸟纹。新出现的纹饰主要有怪鸟纹（又可称变形夔纹和变形象纹）。双身龙纹增多，在洛阳出土的一件铜觯的颈上还出现了兔纹。

在铭文上，在商代后期的基础上，有了很大的发展，商后期多短铭文，最长的铭文也不过四五十字，而西周前期许多铭文都发展到上百字。例如：成王时期的何尊122字，康王时期的大盂鼎291字、小盂鼎近400字。铭文内容主要有祭祀、征伐、赏赐、策命等。铭文书体沿袭商后期的中间用肥笔，首尾出锋；典雅秀美的波磔体。

综上所述，西周前期铜器特征基本与商后期相同，但在某些方面也出现了新的时代特征。这一时期铜器的主要特点是，器制厚重，造型与花纹庄严厚重，铭文严谨工整。

（2）西周后期的青铜器。这一时期为周共王至西周末幽王年代约为公元前10世纪中叶至前8世纪。

青铜器种类上，酒器爵、角、斝、觚、觯、方彝比较少见了，但也有个别的遗留。如春秋时代的徐王义楚𬭚（𬭚即觯），形状变长，似觚及湖北随县出土的西周后期至春秋初的方彝。酒器中保留有壶、罍、盉、瓶、尊、鸟兽尊等。食器中新出现盛食器簠与盨，豆仍很少见。水器中出现了注水用的匜，考古发现中匜常与盘共出，为一套盥漱器。甬

国博青铜器 大盂鼎

钟从最早的穆王时期的3件为一肆发展到后期大小8件为一肆的，例如扶风齐家村出土的柞钟。

在组合上，当时列鼎而食的列鼎制度很盛行，所谓列鼎就是在一列鼎内，每件鼎的器形、花纹相同，只是大小有别，按大小有序排列。据历史文献记载，天子用九鼎，诸侯七鼎，卿大夫五鼎，士三鼎，有着严格的等级规定。

在器形上，三足器鼎、甗多作蹄形足，最典型的堪称厉宣时代的毛公鼎，而柱形足逐渐绝迹。鼎腹基本上分两种形式：一种为浅腹，圆形；另一种如"卫鼎"，则呈扁圆形。体、弇口有兽首衔环耳和弇口带盖、鼓腹、圈足下附三足的卣，是这一时期最流行的卣的形式。鬲多作束颈折沿弧裆，与足对应的腹壁上各有一道扉棱。随后，带有火灶的一种特殊形制的方形鬲出现了，如故宫陈列的刖俑人铜方鬲，壶肩上多有套环耳。鸟兽尊也很发达，如：陕西郿县出土的盠驹尊，形象逼真，具有写实的风格。盘多有腹耳，还有带流的盘。

花纹上，具有神秘威严感的传统饕餮纹、夔纹逐渐被淘汰，饕餮纹常作为器足上端的装饰，不再作为主题纹饰，无腹足的身尾卷曲的变形夔纹盛行，凤鸟纹和分尾长鸟纹仍继续流行。这一时期出现了具有新艺术风格的多种纹饰，主要有窃曲纹、瓦纹、环带纹、重环纹、鳞纹，一般都没有云雷纹衬底，纹饰简单朴素，给人一种粗犷潦草之感。因西周后期的青铜器铭文多注重记事，故铜器常常不注意外表的装饰，所以素面和仅饰几道弦纹的铜器占有很大的比例。

在铭文上，上百字的长铭较多，不少是关于划分田界、交换田地的、起到法律契约作用的书约。如格伯卣、卫鼎、卫盉、矢人盘的铭文均属这一类，是研究西周土地制度变化的珍贵资料。

本期早些时候铜器铭文的书体，还带有传统的波磔体风格的特点，不过那种特别典型的波磔字体不易见到了。厉宣时代的铭文排列均匀整齐，字体严谨、精到，达到了书法与铸造术空前成熟的水平。竖笔呈上下等粗的柱状，称为"玉柱体"。有的还采用方格，在内填字，如大克鼎即是。这一时期的铭文也常有错字、漏字现象。同时，还出现了像格伯卣、屡敖卣铭文行款不直、潦草的字体。

综上所述，西周后期青铜器器形与花纹制作简单朴素，长铭多，铭文书体趋于娴熟，优美奔放，它进入到成熟期。

4. 春秋战国青铜器

春秋时代早期青铜器，在器物种类上，与西周后期没有太大区别。食器、乐器数量很多，郭宝钧称之为"钟鸣鼎食的组合"。食器中的鼎、簋、鬲、甗、簠、豆都很发达，但西周中后期以来普遍出现的盨此时已非常少见，新出现了盛食器敦，这种器形尤以齐、楚、燕国制作最多。酒器中，除仍保存大量的壶外，罍、方彝偶有发现。如1983年，河南光山宝相寺出土的黄君孟罍；1970年，湖北随县熊家老湾出土的鳞纹方彝等。商周以来的鸟兽尊，这时仍继续发展，如1956年河南省三门峡出土的异形兽尊和1988年太原金胜村出土的鸟尊等。此时新出现了酒器缶，典型者如安徽寿县和湖北宜城出土的铜缶。水器中的盥洗器匜和盘这时有增多趋势，常见匜与盘成套出土。新出现的水器主要有盆、鉟、鉴。曾孟嬭盆、哀成叔鉟、蔡太史鉟、吴王光鉴等都是这几种器形的代表。

乐器除沿袭西周时代的甬钟外，就出现了可以正悬的纽钟。《国语·吴语》记载："王乃秉枹，亲就鸣钟、鼓、丁宁、镎于、振铎。"丁宁，自名"钲铖"，亦即钲，这时在徐、楚等南方各国开始发展。钲的器形似钟而狭长，有实长柄，使用时口朝上。形如筒状的军中乐器于和用于"以享以孝"、形体细长、两铣尖锐的句鑃，也盛行起来。前者多出于四川、安徽

青铜豆

第一章 历史的印记——青铜器

蔡侯申鼎

和湖北等地区，后者主要出在长江下游的吴、越地区。

由于战争频繁，青铜兵器的发展自然相对较快，主要为戈、矛、戟、剑。应注意的是，这时青铜钺在北方已很少见，主要盛行于西南地区，形制大多呈靴状。

春秋时代，由于商品生产和交换的需要，货币应运而生。从文献记载看，《国语·周语》曾记周景王二十一年（公元前524年）铸大钱事。而最早的铜质货币应是春秋时代，似镈形的空首布（布从镈得音）。在山西侯马和河南洛阳、孟津等地都有布币发现，其主要形式有平肩布、斜肩布等。这时的空首布主要流行于周、晋地区。

特别需要提到的是，1973~1974年，在陕西凤翔姚家岗先秦宫殿遗址发现有铜质建筑构件，主要形状有曲尺形、单齿形和双齿形。一般认为，这些构件主要施于梁枋和门窗上，对建筑物起着加固和装饰作用。

这一时期器物造型的主要特征是，春秋前期大体上沿袭西周晚期的风格与特征,中期逐渐有了变化。青铜鼎除保持无盖、口沿有二直耳的以外,一种深腹、腹耳有盖的鼎很流行,盖中心部位常有圆形捉手。不少鼎盖上铸三小兽或三环纽。鼎的马蹄形足多呈外侈的瘦长形,如蔡侯墓出土的鼎即有这一特点。簠、壶、铺的盖上带有莲瓣装饰,个别簋上也有这种装饰。常有最典型的莲瓣装饰的器物应属山东临淄、安徽寿县蔡侯墓出土的莲瓣簋。折足鬲有的在一侧有鋬。甗有圆形和方形的,且多为鬲、甑分体。圆形甗有的鬲小甑大,上下悬殊,山西长治分水岭属春秋中叶的269号墓出土的一件器物即属这种造型。敦的形制有的似鼎,三短足、圆腹、二环耳;有的则呈球形或长圆形,有环耳,盖可取下,一器可分成二器使用,盖与器上各有同样的三环足、三蹄足或三夔形足。商、西周时已少见的铜豆,这时却增多了,豆腹加深,器两侧有环耳,常有盖,盖上有捉手,"校"一般较粗短。一种方形有盖自名,"盉"的铜豆也出现了。有的豆盘极浅,通常被称为笾。注水器匜,有的已变成了平底,一般有圆形和方形两种,多大口、深腹,有二耳或四耳,有的耳上还有套环。作为盛酒或盛水用的缶,圆腹,有盖,器肩上有环耳。锣呈椭圆形,器侧双耳或单耳,有的有盖,盖上一环纽。锣体也有呈双腹形的,此为特例。戈穿增多,常在三穿以上,同时援部也开始向上翘起,矛向细长发展。戟常是戈、矛分铸。

春秋时代青铜器的装饰,早期多沿袭西周后期简单的几何形纹饰,中期以后则以网状宽幅、雕镂细密工整的单层蟠虺纹和蟠螭纹为主,纹饰较为单调,朴实无华。1978年,在河南淅川下寺出土的、用失蜡法铸造的铜禁,禁的四个侧面和禁面边缘透雕装饰和攀附在禁四周及作足的立雕小兽,以及其首尾的镂空装饰都用失蜡法铸成。这时在铜器上的线刻画像工艺,不仅是花纹制作的一

青铜栾书缶

第一章 历史的印记——青铜器

项新技术，也打破了商周以来的传统纹饰种类，出现了新颖的内容。如江苏六合程桥出土的残铜片上，刻有人物、动物和树木形象，线条简单，显示了初始阶段的古朴风格。线刻画像和嵌纯铜图案了构成这一时期又一种图案的新风格。

这时期铜器上的铭文主要仍是铸文。铭文内容不像西周时代那样丰富，上百字的长篇较少见到，大多是祭祀内容，也有的是为自己或他人作器。由于礼制的衰落，用铜做女儿陪嫁的媵器数量较多。

这一时期铜器铭文的字体书法异彩纷呈。由于诸侯国在政治上各自独立，各国铜器铭文的字体，有作瘦体的，有作肥体的，还有的刻意仿商周时的波磔体。江淮一带出土的剑、戈、矛等武器上，常饰有曲折回旋的鸟虫书，著名的越王勾践剑，在剑身靠近剑格处有"越王鸠（勾）浅（践）自作用剑"八字鸟篆铭文。

知识链接

河南新郑李家楼春秋青铜器

1923年8月末，由于连日的干旱，河南新郑乡绅李锐决定在自家宅院旁打一口水井。打进过程中，挖出了10余件青铜器。他遂将大鼎1件、中鼎2件以800块大洋卖给了许昌的张庆麟。不久，李锐挖宝的消息就传了出去。新郑知事姚延锦获悉后，立刻出面干涉，禁止李锐继续挖宝。很快，国民党第十四师师长靳云鹗闻讯至此，指出："钟鼎重器，尊彝宝物，为先代典型所寄，应该归于公家，垂诸后世。"迫于军威，李锐不敢继续偷掘，并交出了大鼎6件、小鼎3件，簋4件，鬲6件，簠2件，甗1件，罍1件。靳云鹗又命人从许昌追回流失的3件，后又在开封查得鼎4件和甬钟1件。

21

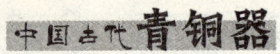

为了避免乡人继续盗挖，靳云鹗遂组织劳力扩大发掘范围。同年9月5日得镈钟4件，甬钟17件，鼎6件，鉴1件，簠、簋、方壶各4件，圆壶、罍、匜各2件，方炉、盘、匜各1件，碎铜片500余块。7日复又得鬲3件。9日得小鼎、兽尊、盘、兽身人面像、圆壶盖各1件，卮、匜、立鹤饰各2件，碎铜片40余块。加上追缴回来的，共得铜器94件，碎片数百块。所获铜器尽数运往开封，交由河南古物保存所保存。从墓中出土的方炉铭文可知，作器者乃"王子婴次"。王国维认为王子婴次是春秋中期楚庄王之弟令尹子重，郭沫若认为是春秋时期郑公子婴次。

与民国时期其他地点出土的青铜器相比，李家楼铜器群是最为幸运的。虽然它们现在分藏于海峡两岸，然大体未出国门，这与当时阻止盗掘、及时追缴、抢救清理和集中保管的措施是分不开的。

秦汉青铜器

1. 秦代青铜器

秦统一政权的建立及加强统一的措施，在青铜器上也有着较为充分的反映。由于秦代仅存15年，因此除留下较多的有铭文可判断的青铜制度量衡器、货币等外，一般来说可确定为秦代的青铜容器是较少见到的。

由于封建制度的进一步发展，秦代青铜礼乐器比战国时期更衰落。与此同时，日用生活器皿继续得到发展。1950年，在河南洛阳西宫发现了一座秦代墓，从墓内出土了4件青铜容器：鼎1件、簋1件、壶2件，鼎与簋的腹部

第一章　历史的印记——青铜器

秦朝铜车马

仅中心有一道凸弦纹。篚盖饰变形的简化蟠螭纹，壶腹有用细线条勾出简单轮廓的阴线鸟纹。鼎的造型为双腹耳，马蹄短足。壶腹作长圆形，肩腹无明显分界，颈较长，有较高的圈足。20世纪70年代，在湖北云梦睡虎地和大坟头两地发现秦汉墓葬23座，从第11号墓出土的竹简文可知，墓主是秦狱吏喜，死于秦始皇三十年，即公元前217年。在随葬的70余件质地不同的器物中，有青铜器10件，器种有鼎、钫、匜、鍪、勺、镜、剑和削刀。铜鼎、铜钫等器物表层均镀一层银白色的锡、银之类的物质，以使器物得以保存完好。从中可以看出，秦代对青铜器铸造业的重视和铸铜技术发展的水平。

秦代青铜器器型的主要特点是：鼎作圆扁腹，三短蹄足，有高于盖面的二腹耳，盖上铸三环纽；钫的盖作盝顶状，腹上二铺首；匜作深腹、平底；鍪作扁圆腹，圜底，腹上有对称的大、小环耳各一个。这些青铜器大多为素面，或在鼎的器腹上仅饰一道弦纹。战国时代拥有错金银、嵌红铜、嵌松石的金属细工的精美器物，这时已很难见到了。云梦睡虎地出土的青铜器造型与花纹简朴的特点，在其他地区出土的器物上也反映出来。

从陕西临潼秦始皇陵勘察与发掘出的器物是近年考古工作中的重大收获，

所得各类文物多达上万件。尤其是3个兵马俑坑的发掘，出土了大量的陶武士俑、陶马俑、木质战车、青铜制与铁制武器等。武器中大部分为青铜质，箭镞有铁质的或铁铤铜镞的。青铜质实用器物主要有刀、剑、戈、矛、镞、铍、弩机。"铍"的被认识，是近年青铜武器考古收获中的重要一项。

铍形似短剑，以往称之为短剑是错误的。铍有茎而无首，窄薄身，有6个面，没有中脊，格呈菱形，柄作长方形。用时在器身后部缚一长木柄，是一种长兵器。俑坑中出土的铜铍有的全长达35.2厘米，最宽处3.16厘米，厚仅0.91厘米。铜铍实物的发现，与文献和云梦秦简中的有关记载得到了相互印证。文献中谈到"铍"这种武器的，如《左传·昭公二十七年》中"夹之以铍"；《秦律杂抄》中"铍、戟、矛有室者，拔以斗，未有伤殴，论比剑"。铍的发现与认识，为检验传世和出土的"铜剑"，是剑还是铍，提供了可资对照比较的实物资料，并丰富了中国古代青铜兵器的种类。这里还需说明的是，有的铍上刻有"寺工"铭，此名应该是秦汉时中央所设管理百工的官所或官名。

秦铜铍虽已埋于地下2100多年，但出土时仍明亮如新，十分锐利。秦俑坑内出土的铜镞，经有关部门化验，镞的刃部与铤部所含铜、锡的成分比例不同。刃部含锡量高，加强了镞的硬度，能增强杀伤力。

秦朝度量衡——青铜秤砣

1980年冬，秦始皇陵1号与2号铜车马的发现极为重要。两辆铜车马和车上的驭官俑的大小大致是真车马、真人的一半，车、马与俑人皆由青铜铸造，每辆车马都是两服、两骖。车、马、俑人均着彩绘。车马的附件如当卢、节约、惠、辖等均为金银所制作。中国过去在考古工作中发现的商周等时代的车马坑的车，大多为木质的，因而不易保存至今。秦陵1号与2号

第一章 历史的印记——青铜器

铜车马出土时虽已破碎，但在有关方面专家、学者的通力合作下，现均已复原，复原后的铜车马驷马雄立，驭手安坐或作站立状。

秦始皇统一中国后，为巩固专制主义中央集权，采取了一系列措施，如"分天下以为三十六郡"的集权制、"一法度衡石丈尺，车同轨，书同文字"的统一度量衡和文字以及统一货币。秦始皇统一度量衡的诏书，有的直接刻或铸在官定的量器或衡器上；有的先刻在一块铜版上，此铜版称为诏版，然后再将诏版嵌在量器或衡器上。传世或出土的秦代量器或衡器上带有诏书的为数不少，例如上海博物馆馆藏的战国商鞅方升的底部，便加刻秦始皇统一度量衡时的诏文，量器的形状呈长方体，有柄。北京故宫博物院收藏的一件秦权上也刻有二十六年诏文，内容为："廿六年，皇帝尽并兼天下诸侯，黔首大安，立号为皇帝。乃诏丞相状绾，法度量，则不壹，歉疑者皆明壹之。"诏文为小篆字体。

战国时代各诸侯国进行封建割据，齐、楚、燕、韩、赵、魏、秦几个大国都各自铸货币，货币的形式、使用货币的单位等都不尽相同。由于各国均有铸币，因而在铜制币上，尤其是铲式币上常常铸上地名。据相关学者统计，铲币上的地名多达100多个，从中可看出铸币的地域性。战国时代的秦国，《史记·秦始皇本纪》记载秦惠文王二年（前336年）"初行钱"。现已流传下来的秦国货币，主要形式是圆形铜货币，币制单位为两、锱、铢，1两等于4锱等于24铢。在圆形铜质币中，有一种直径约3厘米，中心部分为方孔，方孔两侧有小篆"半两"二字的铜币，《史记·平准书》说此种币"重如其文"。黄金为"上币"，半两为"下币"。秦始皇统一中国后将这种圆形方孔的半两钱推广开来，作为全国的币制统一形式。这种定型化的圆形钱币，

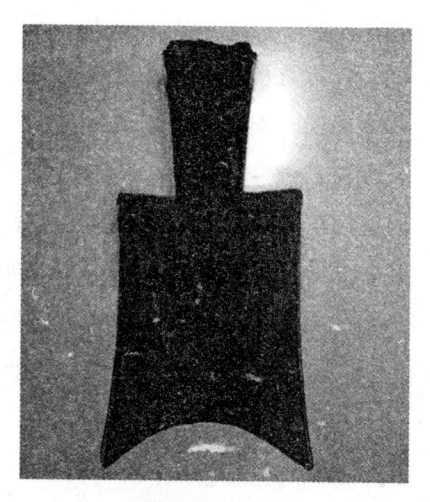

秦朝的货币

因使用方便，从此被固定下来，在中国流行了2000多年，甚至影响到日本、朝鲜等许多国家。秦朝货币的统一，可视为中国古代最早的一次货币立法，对促进当时经济的发展和交流有着十分重要的意义。

秦始皇为了政令的推行和经济文化的发展，还进行了"书同文"的统一措施。秦朝统一文字是以秦文字为基础，统一于小篆的，小篆自此作为汉字规范化的标准文字。青铜器上，例如1950年洛阳西宫出土的"轨"铭铜器，"轨"字的书法秀丽，笔画匀称，端正有力。秦代隶书的字体，从秦权、量器等上的文字看，书体较草率，字体拐角处多为方折，字的结构与大小也不尽相同。

秦朝对度量衡、货币与文字的统一，对促进当时经济与文化的发展起了重要作用，对以后漫长封建社会的发展也产生了重要影响。

2. 两汉青铜器

大量发现的两汉时期青铜器，尤其是皇室贵族使用的铜器，使我们了解到这时冶金铸造技术进入了一个新的阶段。

私营手工业在两汉尤其是东汉时期曾大量存在，东汉时期私营手工业的发达是与豪强地主势力强大、不断排挤官府手工业紧密相关的。从这时的一些镜铭常常可以看出私营青铜铸造业的一些情况。

两汉青铜铸造除继承先前的一些工艺外，也出现了一些新的特色，主要表现在：

（1）错金银与镶嵌工艺。西汉初期继承了先秦时代已有的错金银与镶嵌技术的传统，也作了一些创新。如中山靖王刘胜及其妻窦绾墓出土的错金博山炉、错金银鸟篆文壶、错金银蟠龙纹壶、错金银镶嵌乳丁纹壶，都是这时期的代表作。刘胜墓出土的错金博山炉，全身布满用金丝错出的流畅的云气纹，纹细如发丝。炉座以透雕的3条蛟龙相扭结，龙头托住炉盘，炉盖铸成山峦起伏状，猎人与虎豹鸟兽居其间，狩猎场面极为生动。窦绾墓出土的错银博山炉，炉身上错出云气纹，炉盖透雕成山峦起伏状，在遍体流畅富丽的

第一章 历史的印记——青铜器

纹饰映衬下，雕出各种奇禽异兽和人物活动的场面，富有浓厚的生活气息。

（2）鎏金与镶嵌技术。青铜器上的鎏金工艺早在战国中期已出现，至两汉时代发展到高峰。鎏金技术在古代又称"金涂"，就是用金粉和汞涂在铜器表面，经烘烤，汞蒸发后，金就留在器表上了。经过鎏金处理的铜器不易氧化，因而鎏金对铜器起着重要的保护作用。

窦绾墓出土的"长乐饮官"钟，通体鎏金，还镶嵌有蓝绿色的菱形玻璃块，格外绚丽优美。陕西茂陵1号从葬坑出土的铜鎏金银竹节薰炉，通体鎏以金银。炉身中部铸鎏银带一圈，上部浮雕回首的四条金龙，下部在三角形内雕出10组蟠龙，均以鎏金为饰。龙周围以鎏银铺地，形成黄白相间的色彩，精美绝伦。炉盖用金银装点，使起伏的山峦更加富丽堂皇。柄上端3条蟠龙，龙身鎏金，龙爪鎏银。盘形座上的龙，全身鎏金，眼、须、爪则鎏银。这种鎏金、鎏银兼顾的方式，对工艺要求很高。

西汉前期铜器上的金银错、镶嵌和鎏金工艺技术，以鎏金最盛。及至中后期，金银错与镶嵌的铜器少了，而鎏金仍盛行不衰，甚至有的小件器物也有鎏金，如鎏金带钩、鎏金四神规矩纹铜镜及贵州赫章可乐出土的鎏金铜鍪等。鎏金铜器中还出现了少量的上乘作品，1962年，山西右玉出土的西汉成帝河平三年（公元前26年）鎏金铜酒樽，樽下有三熊足，上面有提环盖，腹部有铺首衔环。器外表饰满多种鸟兽纹，除神话传说中的龙、凤外，还有虎、鹿、熊、猴、牛、羊、兔、雁、鹅、鸭等。这些动物形象生动，姿态逼真，活灵活现，极富意趣。

（3）细线刻纹的发展。青铜器上的细线刻花纹早在春秋时代已出现，到了战国，这

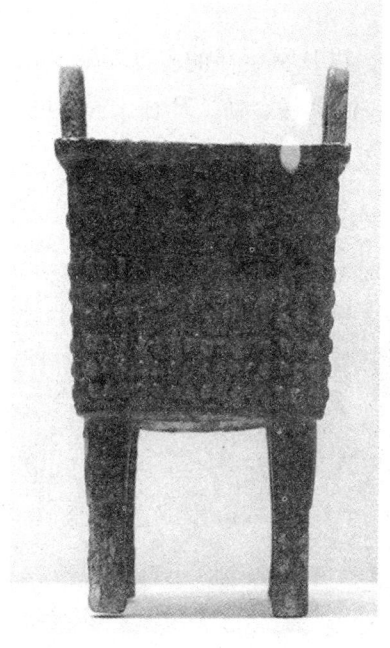

乳丁纹方鼎

27

种线刻图案得到发展，多饰在铜匜、铜鉴和铜锄等器物上。两汉时代，尤其是西汉后期在南方和西南地区更为发达。线刻图案的产生与发展，应与刻刀的锋锐程度有密切关系。淬火技术在西汉时代已达到了很高的水平，坚硬锋利的雕刻刀的出现，为青铜器上细线镂刻提供了操作条件。长沙西汉晚期墓出土的一件铜酒樽，全器镂刻着精美、流畅、细腻的云气纹。广西合浦望牛岭西汉后期墓出土的铜凤灯、链壶、长颈壶、魁、盘和博山炉上，饰有羽毛纹、三角形纹、菱形纹和回纹，都是用细线刻镂的。这些图案纤巧细腻，均匀优美，可见精雕细刻之功力。此外，广西梧州旺步东汉章帝章和三年（公元86年）墓出土的长方形铜案，案面上雕刻有精细华丽的龙、凤、鱼纹以及菱形纹、锯齿纹等几何图案，图案丰富多变而又有条不紊。云南曲靖珠街八塔台出土的一件铜直颈壶，全器刻有多层次的细线几何纹，堪称杰作。

（4）分铸套接技术。1981年，河北徐水防陵村2号汉墓出土的一对青铜圆雕铜马，头、耳、身、腿分铸，然后再套接成整体。各部位套接严丝合缝，可见制作者构思设计之精巧。

两汉青铜器的品类，具有明显的时代特色，以日常生活的多种类的实用器物为主，主要有食器鼎、釜、甑、鉴、鐎斗，酒器锺、钫、耳杯、樽、卮、盉，水器盘、洗等。新出现的和在原有基础上发展起来的器种主要有灯、博山炉、熨斗、炉、漏壶、案等。青铜制造的日常生活用器广泛出现，遍及社会生活的诸多方面，如货币、符节、带钩、铜镜、玺印、度量衡器以及边远地区的铜贮贝器、铜鼓等。

西汉铜鼎的造型为圆形，多敛口，腹耳，三短蹄形足。刘胜墓出土的铜鼎是三熊足，较特殊。有盖，盖上多有环纽或伏兽纽。这时已难见到大型的鼎，到东汉时代，铜鼎就更少见到了。

食器中的鐎斗，又称"刁斗"，是温

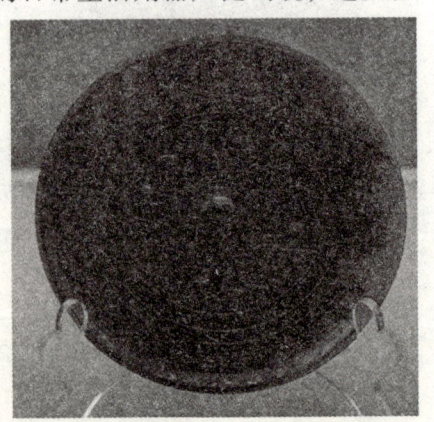

汉代铜镜

食器。圆腹，三蹄足，在腹的一侧有一长柄，柄首常常呈张口的龙头形。

圆形铜壶两汉时称锺，锺多圆鼓腹，短颈，腹上铸一对衔环铺首。东汉时的壶，有的增加链梁。满城刘胜墓出土的一件壶，形似橄榄状，上有链子，器身和器盖各有4个相对应的小环纽，以铜链子穿缀，便于手提。方形壶虽早在战国已流行，但往往仍命名为壶，直到汉代方壶才专名为钫。满城汉墓铜钫上铭刻有"中山内府铜钫"。《说文解字》解释"钫，方锺也"。到东汉时代，铜钫就基本绝迹了。1956年，江西省博物馆征集的一件铜扁壶，铭文为："于兰家铜钾一，容四斗三升，重廿斤八两。"方知扁壶名"钾"。

铜酒樽为盛酒或温酒的器皿。这类器物前人一般称作奁，有的学者已将其正名为樽。盛酒的器皿多鼓腹，三短蹄足，平底或圆底，腹壁有两个或三个衔环铺首；温酒的器皿一般为圆形直壁，深腹，有兽衔环耳，下有三短蹄足或兽足。出土或传世的樽，常置盖。铜酒樽中有一些是镏金和镶嵌松石的，工艺精巧。

饮酒器铜耳杯少于漆制耳杯。耳杯又称"酒觞"，其形制多呈椭圆形，两侧各有一半月形耳。也有的杯虽为椭圆形，但两侧无耳，而仅在窄侧的腹上铸一环耳。盛酒器罍在西汉时已很稀少，形状呈圆鼓腹、平底。肩有二环耳的罍到东汉时已很难见到了。

铜灯的数量很多，铭文内容自命名为"锭"。灯的形制异彩纷呈，重要的有豆形灯，底座似雁足的雁足灯，人形灯，呈动物状的牛形灯、羊形灯、凤形灯，山西平朔出土的铜雁鱼灯，呈树形的多盏灯，辘轳形灯。

薰炉是一种焚香的用具，不少薰炉在制作上非常考究，外表镏金或错金银，显得异常高雅瑰丽。博山炉形制一般是圆形腹，尖

汉代铜灯

状盖。盖呈山峦起伏状，山上有镂孔及圆雕的人物、鸟兽，下面常有盘。有的博山炉底座为力士骑龙，力士一手作托举博山炉状，整体生动有趣。

三国两晋青铜器

三国两晋时期青铜器种类仍以日常生活用器为主，主要有釜、鐎斗、勺、酒樽、耳杯、洗、博山炉、灯、炭炉、熨斗、唾壶、铜镜等；武器主要有弩机、刀；车马器主要有镳、辖。考古发现的这一时期墓葬，大量的随葬品是陶瓷器，青铜器很少，一般仅1件，或三五件不等。1984年，在安徽马鞍山发现的东吴朱然墓，除大量随葬漆木器外，还有很多青铜器，计有炭炉、熨斗、鐎盉、水注各1件及2件铜镜。南京象山发现的东晋咸康七年（341年）王兴之墓随葬的铜制品多为服饰器具。

这一时期随葬的铜器，很难找出其组合的规律。而且这时期一些主要铜器的特征，很难与东汉时代相区别，但有些也有细微差异。

铜釜：北京故宫博物院收藏的一件西晋太康三年（282年）铜釜，圆形、大腹、直口、半圆形肩、腹下收、平底。腹中心处有一宽平沿，便于提拿。口沿下铭文：“太康三年八月六日右上方造一斗铜釜，重九斤七两，第一”。由铭文可知，该釜是由西晋国家右尚方机构所铸造。

酒樽：两汉时代的酒樽，多作圆形，直壁或圆形鼓腹，下均有三短足，有的在腹壁有两铺首。两晋时期的酒樽，有的则做成长筒形、平底、下有三短足。

铜洗：江苏宜兴晋周处墓和其他地区的晋墓都有发现，其特点基本上沿袭汉代风格。如山东诸城晋太康六年（285年）墓出土的洗，圆唇、折

西汉物件配饰

沿、弧形壁。在其底部有对称的两个短扁形足，内底饰双鱼纹，双鱼间有"长宜子孙"铭。

综上所述，三国两晋时期的青铜生活用器已进一步被陶瓷器、铁器所代替。青铜器以素面为主，外表较粗糙，仅少部分铜器具有简单的弦纹，如铜洗中饰有鱼纹。但这时期也有少数制品有鎏金，如北京故宫博物院所藏的魏晋南北朝时代的鎏金蟠龙镇，龙身饰有错金云纹。

知识链接

夏代青铜器鉴定要点

概括地讲，以河南二里头遗址为代表的夏文化新发现的青铜制品，以工具和兵器为主，青铜容器的种类和数量还较少。这些青铜器的制作大多较粗糙，器小体薄，且多模仿陶、石、骨、蚌等质料的同类器形。出现了简单的乳钉纹、几何纹，但仍以素面为多，不铸铭文。因此，它还处于青铜时代的初期阶段。

南北朝时期青铜器

南北朝对峙时期，民众得到短时的休养生息，经济有了一定程度的恢复和发展，在各族人民的长期交往中，民族间的融合得到加强。这时的青铜冶铸业虽已衰落，但却在很大程度上表现出民族文化交流的特点和某些民族的特色。

南朝宋、齐、梁、陈几朝，铜器的主要种类有鐎斗、勺、熨斗、碗、杯、盘、唾壶、虎符等。湖北当阳长坂坡一座南北朝墓里，出土的铜制品种类较多，有铜瓶、铜盆、铜唾盂、铜高足杯、铜熏各1件。随葬铜制品如此丰富，在南北朝墓葬中是少见的。

这时期鐎斗造型多微侈口，盆形平底，直腹或斜腹，口上一侧常有一流，三高蹄形足，直柄或折柄。

熨斗：江苏镇江出土的梁太清二年（548年）具铭的熨斗，特征是直腹、平沿、直柄。共出土4件。据记载，最大的一件熨斗上有朱书文字："一千太清二年三月十六日张"。

铜碗：扁圆腹、矮圈足。广东韶关出土的1件铜碗，在器身与口沿外还饰有四道弦纹。

唾盂：又称唾壶，盘形口，扁圆或扁鼓腹，圈足。

铜杯：圆深腹或长圆腹，圈足或喇叭形高足。当阳出土的高足铜杯，附有盖。

铜瓶：圆形腹、长颈、外侈圈形足。

铜盘：深腹、侈口、平底。

北朝是由鲜卑族建立起来的封建政权，其不断吸收、学习汉族的先进文化，尤其是魏孝文帝采取改革措施后，进一步加速了民族融合的过程。出土的北朝早期的多种文物，都在很大程度上反映了民族文化融合的特点，同时也体现了北方游牧民族的风格。

考古工作者曾在内蒙古呼和浩特市美岱村，先后发掘了两座北魏墓葬。在出土的青铜制品中，最引人注目的是镂孔高足直耳铜㿽，这种器物在辽宁北票西官营子1号墓北燕时代的冯素弗墓内也有发现。铜㿽的造型特征是长圆形，深腹，口沿上有两个半圆形立耳，高圈足上有三个大镂孔。美岱村还出土了有鸟兽纹的铜饰牌以及占卜用的仿羊关节骨的铜制羊矩骨等，这些器物均具有北方游牧民族的风格。

北朝的墓葬品常见有金或铜质戒指，金戒指上常以动物纹作装饰，这明

第一章　历史的印记——青铜器

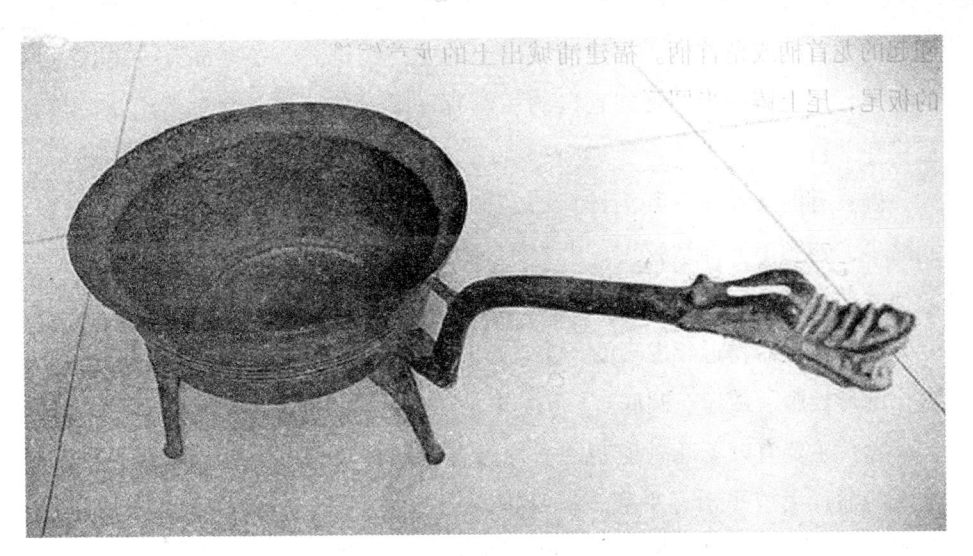

青铜鐎斗

显具有鲜卑、匈奴等游牧民族的风格。包头固阳墓葬出土的铜戒指为扁环形，直径2.8厘米。山东济南马家庄北齐墓出土的铜戒指，直径为2厘米。

总之，北朝时期青铜冶铸业很不发达，这时期的青铜质生活用品较少见，质地也差，器物表面一般没有什么装饰。值得注意的是，佛教自东汉传入中国后，至南北朝时期进一步得到发展。这一时期曾大量开凿石窟造像，同时也用大量的铜铸造佛像，铸造佛像是青铜冶铸业一项极重要的内容，也可能正因如此，铜制日常生活用器大为减少。今流传下来的铜制或铜鎏金佛造像，是研究北魏佛教文化和雕塑艺术的重要资料。

隋唐时期瓷器制造业已比较发达，在南北朝时期的基础上青瓷继续发展，还有了白瓷和三彩瓷器，但青铜质生活用器种类仍很多，包括食器、酒器、水器以及宗庙与军事用器，主要有：鐎斗、碗、钵、盂、壶、勺、盆、洗、匜、杯、罐、盒、灯、净瓶、手炉、刀、锁、镊、勾、笔架、钟、符以及高度发展的青铜镜等等。

下面以近年出土的较典型的器物为例，说明几种主要铜器的特征。

鐎斗：圆形，直壁或微曲壁，多平底，三虎首形足或三兽蹄形足，有高翘起的龙首柄或凫首柄。福建浦城出土的龙首铜鐎斗，在尾部有一呈长方形的板尾，尾上铸一半圆形纽，口的一侧有一个三角形流。这时无流鐎斗与有流鐎斗并行于世。

碗：有的学者又称其为钵。浙江衢州出土的一件碗，呈半圆形，浅腹，底略平，器颈等处饰细弦纹。出土此铜碗的墓葬中有"武德八年（625年）"的铭文砖，由此可知，该碗制作时代约在唐初高祖李渊时期。

盂：该种器物近年发现的不多，1983年在湖北省黄石市新下陆发现一件，器作圆形鼓腹、敛口、圆底。

盆：主要有以下几种形制，一种为直腹、平底、大折沿，如隋李静训墓出土的盆，大口平沿，平底，器身饰六周弦纹；另一种微侈口，腹呈弧形，平底；第三种为侈口，腹向下斜收，圆底。

洗：长沙北郊丝茅冲唐墓出土的洗，直口、深腹、平底。

匜：唐代铜制匜较罕见。1984年，在河南偃师杏园村的唐代会昌五年（845年）墓内发现一件，器体呈圆形，底有较高的圈足，口一侧有一流。

杯：基本上有两种形制，一种是方形、侈口、高足，另一种是圆形、腹较深、高足。

盒：故宫博物院收藏的一件盒为圆形、深腹、圈足、有盖。另外，也有扁体形状的盒。

净瓶：长圆体、细长颈、上腹微鼓、下腹下收，平底或矮圈足，瓶顶竖一直管状流，圆形器肩一侧铸一管。

灯：唐灯发现的不多，河南偃师杏园村宋祯墓出土的两件形制、大小完全相同的灯。其形制特征是灯座由一空心圆柱和下部呈喇叭形的座插接而成，在空心圆柱的上下各有一圆盘，上盘小，下盘大。

钟：大型铜钟的铸造反映了唐代青铜铸造业的发展水平。闻名于世的景云钟铸于唐睿宗景云二年（711年），该钟形制宏大，铸造技艺精湛，重6000千克，高2.47米、口径1.65米，钟口为外侈的六角弧形。据有的学者研究，该钟铸造工艺极为高超，铸模共分5段、26个模。钟身布满精致的纹饰，有凤、鹤、狮、龙、朵云、蔓草纹等，还有睿宗李旦御笔铭文18行、292字。主要是记载景云钟的制作及其特点。此钟虽历经千年，其音色仍清脆洪亮，每年除夕时，中央人民广播电台的第一声钟响，即为该钟音响的录音。

与景云钟相似的唐代铜钟，较重要的还有在甘肃武威大云寺和张掖鼓楼出土的铜钟。

近年考古发现也有一些唐代铜钟，如1977年12月在浙江诸暨出土的一件铜钟，通高45厘米、口径25厘米，上小下大，双龙纽，钟身上下饰对称的空白方框，从钟上刻铭得知，该钟造于广德元年（763年）。四川黔江县文化馆收藏的一口唐钟为双龙纽，平口，钟身饰线纹图案，高143厘米、口径78厘米。

符：隋以前兵符多作虎形，至唐代形式有所改变。据文献记载，唐初使用鱼形符（只武后行龟形符）。近年在唐长安城清思殿遗址发现一件有"同均府左领军卫"的铜鱼形符，是进出宫门使用的。1980年，在新疆焉耆汉唐古

汉长乐万斛铜量

城出土一件唐代龟符，头部一圆穿，用于串绳系挂，龟腹部有一阴刻"同"字。

唐代铜制小件生活用品较多，锁、镊、刀、勾、勺、手炉、笔架等。

总体上看，唐代的青铜制品种类较多，器物轻薄实用，少见装饰，以素面器为主。但也有一些制品显得华丽庄重，并以鎏金为饰，如手炉、勺、镊等生活用器。特别值得一提的是，有的铜质圆雕动物以鎏金作装饰。1974年，西安南郊发现一件铜羊，羊跪卧在一铜质长形台座上，神态温驯可爱，羊与座均鎏金，增强了器物的优美感。由于台座上有宝相花花纹，此鎏金羊时代可定在盛唐时期。1975年，在西安南郊发现了一对鎏金铁心铜龙，通长28厘米，高34厘米，两前腿站立状，体向上弯曲，龙首昂起，龙口张开，双目炯炯有神，龙角后伸，后腿与尾腾空而起，似欲腾云驾雾而去。该器是一件难得的艺术珍品。

宋代到明代的青铜器

两宋时期的铜制品，最负盛名的莫过于大晟编钟和宣和三年尊。大晟编钟是徽宗时所铸，其造型是以当时发现的春秋时代的宋公成钟为模式。金灭南宋后，掠走了部分"大晟乐器"，因"晟"字犯太宗讳，故将"大晟"二字刮去，而改刻"大和"，"大和"取天地同和之义。今留存的大晟钟，如大晟林钟，扁圆体、平口、双兽纽、螺旋状枚，隧部、舞部、篆部均饰浪花纹。"大晟"编钟对了解宋、金乐制，提高仿古青铜乐钟的铸造水平都是不可多得的资料。

宣和三年尊，圆形、侈口。器身分区段，并均匀地分布四条扉棱，腹部、足部饰兽面纹，以扉棱作鼻，颈饰蕉叶纹和蚕纹，器内底部铸大篆字体的铭文5行，26字，释文为："佳（唯）宣和三年正月辛丑，皇帝考古作山尊，鞞于方泽，其万年永宝用。""宣和"是宋徽宗年号，说明该尊作于宋徽宗赵佶宣和三年（1121年），是置放在方泽坛祭祀神祇用的。

第一章 历史的印记——青铜器

青铜香熏

后来所发现的各地宋墓或窖藏陆续出土了不少铜制品，种类多而杂，以日常生活用器居多。主要有：鼎、锅、勺、筷、壶、觚、执壶、盘、罐、瓶、净瓶、匜、唾盂、灯、炉、蜡台、香熏、笔架、钹、镇、权、铜则等等。下面仅将其中几种重要器种进行简略说明。

1975年，在山西襄汾出土的铜锅，作圆形，平底，前有一流，有一提梁，素面与同时期的银质锅造型风格相一致。在四川成都与阆中宋代窖藏出土的铜觚，作侈口，颈长直，觚腰平直不外鼓，圈足。成都觚颈部有三道弦纹，阆中觚腹部有六道弦纹。执壶是宋时的一种重要器物，标准器形的重要特征是圆腹作下收式，平底、长颈，颈与腹间有扁平的錾；有盖，盖与錾常相连在一起，腹前端一微曲流。有的执壶在器身上还装饰有简单的弦纹。瓷器和金银器中也有执壶这类器物，其中以景德镇窑的青白釉执壶为最佳，细长流，宽柄式。瓷器中的执壶称为"注子"，明代李白华《紫桃轩又缀》记载为"吴俗呼酒壶为注子"。1982年，江西吉水采墓出土的一件铜盘，圆形，口外侈，三短蹄足，盘内底有一圈凸弦纹。四川宋墓或窖藏出土的铜瓶，有的埋藏数量还很多。1981年，阆中市一处窖藏就发现铜瓶16件，可见这种器物在当时使用的普遍性。铜瓶的高度大致都在15厘米左右，形制较多，总的特点是圆腹、长颈、高圈足、侈口或直口，在颈部常饰几道弦纹或有腹部饰云雷纹和花朵纹。铜匜在宋代是很难见到的，阆中市出土的一件，作圆腹、折沿、平底，流前窄后宽。

日常生活用器中的灯与炉是难见到的，炉主要是侈口、鼓腹、折足的鬲

37

西汉香炉

式炉和无耳、柱足、素面，或饰有几何纹和动物纹的鼎式炉。江西吉水宋墓出土的一件香熏，整体造型是一站立的引颈昂首、张口鸣叫的鸭，颈、背、尾部均有小圆孔，使用时从中散发香味。鸭的背部刻有羽纹。很明显，这种鸭形熏炉的造型是模仿汉代同类器物。特别值得一提的是，1975年湖南湘潭发现的一件衡器铜则，扁体、圆顶、平底，上端一圆孔。由于该器自命名铜则，使我们得以确定它的名称，对研究宋代乃至西汉中国古代度量衡发展史具有重要意义。

　　元代铜器种类主要有鼎、簠、爵、盘、罐、碗、盆、鼓、铃、权、盒、笔架等。但所见最多的是铜权，不但其出土地点星罗棋布，而且还表现出了特殊的时代风格。权多作六面体，亦有作圆形的，有呈阶梯式的圆形底座，顶上有穿孔方形纽。由于大多数元代铜权上都有年号，所以许多都可明确其绝对年代，如"至元九年"、"大德十一年"、"延祐元年"等。权上还有"某路造"字样，如"温州路"、"杭州路"、"益都路"、"京兆路"、"柳州路"、"上都路"等。甘肃漳县汪世显家族墓出土的两件铜爵，一件造型从图像上看似以西周时代的爵为模式,长圆腹、三高刀形足,流与尾上翘,二菌状高柱,腹以云纹为饰;另一件作下收的长圆腹,较低的三外侈足,流尾部很宽,二柱的高度特别突出,鋬作弯曲的半圆形,腹饰乳钉纹和云雷纹。从爵的整体造型观察,与商周爵迥然有别,应是在仿制基础上的一种创新。值得注意的是,两件铜爵在出土时都置放在铜盘内,前者的盘呈八角形、直口、下有四短足;后者的盘呈圆形,下有三足。这时期有的铜盘口沿呈菱花形,装饰有麟纹、鹤纹。传世的一件"至大元年"款铜盆,有二兽耳,颈饰窃曲纹,腹饰瓦纹。罐作筒形也是这时期的一个特征,故宫博物院收藏有一件鱼莲纹筒形罐。传世品中还见有铜巡牌,上有年号等铭文。这时所铸小件器物,如四川简阳东溪园艺场元墓出土的造型新颖别致的鱼形笔架,鱼的头、尾作翘起状。元代铜器一般铸造都较粗糙,这是很值得注意的时代特征。

　　明代的铜制品种类也较多,有鼎、盉、锅、盆、盆架、壶、炉、钟、磉

鸟兽龙纹壶

码、墨盒、镊、钩、腰牌等和宗教造像。讲究的还常呈现出鎏金、嵌镶等金属细工的特点。宣德年间，宫廷铸造的宣德炉是明代铜制品中的重要一类。这种炉在当时就很受世人重视，一直影响到清代以至民国，仿制品很多。存世宣德炉虽然不少，但确认为真品的实属罕见。首都博物馆收藏的一件宣德炉，特征是圆腹、侈口、口沿二立耳、三乳形足，暗紫色器身上饰有大小不等的金片，外底中心部位有"大明宣德年制"六字楷书。该炉造型优雅，质地极精，有学者提出该炉可作为鉴定明代宣德炉的重要参考器。首都博物馆藏的另一件铭有回历855年（明景泰元年）的铜鬲炉，造型是受宣德炉影响的一件精品。在黑褐色的器表上有错金花纹和用波斯文字写成的短诗。这件制作精美的错金铜鬲炉是一件难得的珍品。这时有的鼎形制很别致，圆形鼎的鼎足有的呈四扁足形。

明代铜钟还需提到的是，1981年在福建南丰发现的郑和铜钟，钟顶作球冠状，上铸龙纽，钟口呈葵瓣状，钟肩饰云头纹，身饰雷纹、环带纹和八卦图形，钟体下部铸有楷书铭："大明宣德六年岁次辛亥仲夏吉日，太监郑和、王景弘等同官军人等，发心铸造铜钟一口，永远长生供养，祈保西洋往回平安吉祥如意者。"由铭文可推测出，该钟是郑和在1431年所铸。据史载，1431年是郑和第七次下西洋的时间。该钟铭文是研究郑和下西洋历史的重要史料，其造型与花纹也为鉴定明代铜钟提供了重要依据。

明代的铜制艺术品，后来陆续也有被发现。甘肃天水出土的重75千克、长1.20米的铜牦牛，是明代铜制品中的代表作之一。铜牛整体比例和谐匀称，给人以雄健有力之感。

总体看来，明代铜器种类还是较多的。除罕见的大型作品外，也生产小件的日常生活用具。如墨盒、镊子、钩、手炉、盆与盆架等，还发现了铜盔。在制作工艺上，有洒金、嵌金、银丝、錾花等多种技法。这时还出现了一批制作金属器的名匠，如胡文明、张鸣岐等。

知识链接

山西浑源李峪战国青铜器

浑源县位于山西大同盆地东部的浑河谷底，恒山山脉三面环绕，浑河穿境而过，李峪村就坐落在县城西南方约7.5公里的恒山北麓坡地之上。1923年正月的一天，李峪村民高凤章在田间劳作之际，锄头突然触碰到一些坚硬的物件，他连忙刨开上面的浮土，一件绿锈斑驳的青铜器赫然映入眼帘。他知道挖到宝贝了。这一挖不要紧，竟然挖出了整整3背篓的宝物，据说有60余件。除了绿锈斑斑的铜器外，还有金光闪闪的鎏金器。几天后，高凤章挖宝的消息不胫而走，三乡五里的村民都扛着锄头铁锹蜂拥而至，在近一个月的时间内将这二亩多地翻了个底朝天。

村民们不知青铜器的珍贵，一味搜寻"黄货"，很多铜器甚至被砸碎卖掉。在村民们疯狂盗挖之时，古董商们也闻讯而来。这其中就有法国的古董商王涅克，他收购了约20余件青铜器。不久，这些造型精美、纹饰华丽的青铜器珍品就在法国展出，震惊了欧洲。

时为浑源知事的谢承恩得知后立即派遣警力奔赴李峪村，清查没收了30余件铜器。然而他并非为保护文物而来，而是为牟取私利。他打着"以古兴教，以古兴农"的旗号，成立了所谓"浑源彝器处置董事会"，拍卖活动随之展开。就这样，剩余的浑源彝器精品又继续遭遇颠沛流离，辗转于古玩商之间，最终沦为欧、美、日等国的一些公私收藏。国内浑源青铜器保存最多的是上海博物馆。

清代青铜器

有关清代铜器制造业的情况，我们可以用北京故宫内保存下来的一些材料作为说明，窥见当时铜器铸造业的发展情况。

北京故宫内保留了不少宫内陈设或具有实用价值的铜制品，这些器物大多造型生动，可谓铜制品的精品。如：故宫目前保存着六对铜狮，这些铜狮除太和门前的一对没有鎏金的大铜狮和乾清门外的一对鎏金铜狮属明代铸造外，其余4对均为清代所制。即养心门前一对，长春宫前一对，宁寿门前一对，养性门前一对。其中有的铜狮胸前或铜座上还刻有"大清乾隆年造"字样。铜狮造型生动，栩栩如生，它们都蹲踞在铜座或石座上，作张口露齿状，

故宫的铜狮子

颈上有髦，颈下系铃和缨络。雌狮作戏逗小狮状，雄狮则作玩耍绣球状。

在故宫太和殿和乾清宫的丹墀右侧，石质的歇山九脊式亭屋内，各陈设着一件鎏金铜嘉量，前者为方形，后者为圆形。这两件嘉量，是清高宗乾隆九年（1744年）仿照王莽新始建国元年（9年）的标准量器新莽嘉量而制作的。嘉量包括斛、斗、升、合龠5种单位。乾隆时将嘉量"列于大庭"，除有陈设意义之外，主要是以此象征国家政权的统一。至于陈设在交泰殿的乾隆十年制造的铜壶滴漏（又称漏壶），是研究古代计时方法的一件难得的资料。

清代铜器中铜薰炉一类的实用器较多，样式也丰富多彩，制作精美，器物外表常鎏金，有的还镶嵌宝石和水晶。薰炉有的呈圆形，三高足，有一对狮首啣环耳，镂孔盖上的钮作卧兽状、炉身镶嵌蓝、绿、红宝石和水晶。在一件圆形垂腹二耳圈足的铜炉上，有"朗吟阁"款。这时期一些少数民族如藏族的铜器，制作也很精致，外表常有镀金。

知识链接

铜剑的故事

楚国的能工巧匠干将和妻子莫邪给楚王铸造宝剑，用了好几年的工夫才制成。楚王因时间久了而发怒，想要杀死铸剑人。宝剑铸了两把并分有雌与雄。干将的妻子当时怀孕就要生孩子了，丈夫便对妻子说："我替楚王铸造宝剑，好多年才获得成功，楚王为此发怒，我要前去送剑给他的话，他必杀死我。你如果生下的孩子是男孩的话，等他长大成人，告诉他走出家门看到南山，有一棵松树生长在一块巨石上，我留下的另一把剑就藏在巨石的背后面。"随后就拿着一把雌剑前去进见楚王。楚王非常愤怒，命令人来察看宝剑，发现剑原有两把，一把雄的，一把雌的，雌剑被送呈上来，而雄剑却没有送来。楚王暴怒，立即把干将杀死了。

　　干将的儿子名叫尺，等到他后来长大成人了，就向自己的母亲询问道："我的父亲究竟在哪里呀？"母亲说："你的父亲给楚王制作宝剑，用了好几年才铸成，可是楚王却杀死了他。他离开时让我告诉你，长大后出家门看到南山，一棵松树生长在一块巨石上，宝剑就在石头的背后面。"于是，儿子走出家门向南望去，不曾看见有什么山，只是看到屋堂前面松木柱子下边的石块，就用斧子击破它的背后面，终于得到了雄剑。从此以后，儿子便日思夜想地要向楚王报仇。

　　古代宝剑名或作"镆邪"、"镆铘"、"莫铘"。唐·陆广微《吴地记·院门》记载：吴王阖闾使干将铸剑，铁汁不流。干将妻莫邪问该如何办，干将说：从前先师欧冶子铸剑时，曾以女子配炉神，即得。

第二章

五彩缤纷的青铜器

中国青铜器不但数量多，而且造型丰富、品种繁多。有酒器、食器、水器、乐器、兵器、农具与工具、车马器、生活用具、货币、玺印等等。而每一器种在各个时代都呈现出不同的风采，同一时代的同一器种的式样也是多姿多彩，而不同地区的青铜器更有所差异。这些古代青铜器犹如百花齐放，五彩缤纷，具有很高的观赏价值。

第一节 乐器

一 钟

商代乐钟已有了成编的组合，一般多为 3 件一组，以形制相同而大小依次递减的乐钟构成组合。也有 5 件为一组的，如妇好墓中就出土有 5 件一组的乐钟。钟的形制与发音规律的关系是：体大壁薄者音低；体小壁厚者音高；大小相近而壁厚不等，也可以击出不同的乐音。每套编钟制成形制相同，但大小厚薄各异，是为了使它们能敲击出人们需要的不同乐音。西周时的乐钟一般 8 件一组，也有多至 9 件一组的。东周时期，一组乐钟最多的达 14 件。乐钟因其形状不同，有甬钟、钮钟、镈钟之分。钟的使用，按规定为：天子 4 组、诸侯 3 组、卿大夫 2 组、士 1 组。商周铜钟，有的插在座上，但更多的是悬挂在钟架上。使用时也按钟体的大小依次排列成编，故称编钟，每编又称一"肆"。

目前发现的商周乐钟，有数十套之多。有时一座墓中出土有数套乐钟，如蔡侯墓、曾侯墓等。其中曾侯乙墓中出土的数量最多。出土时共有 8 组编钟悬挂在曲尺形的钟架上，总数有 65 件（其中有一件是楚王酓章馈赠的镈钟）。钟架制作考究，木质的横梁用黑漆彩绘，两端套有动物形象的青铜套。上层的立柱用圆木做成。中、下两层的立柱，除一根铜立柱外，每层还有 3

个铜铸的佩剑武士。他们双臂上举，用头和双手承撑横梁。下层的铜人制成站在一个圆形铜座上的形象，这些铜人也用头和双手承顶着横梁。在清理墓葬时发现，这座钟架和编钟的悬挂情况相当完好。旁边还有6个丁字形彩绘木槌和两根彩绘木棒，这是演奏乐曲时用来敲击乐钟的。铭文中也有12个半音的名称。为了研究它的性能，音乐工作者曾对曾侯乙编钟作了演奏，发现它音色丰富优美，音域宽广，音律较准，其音响已构成倍低、低、中、高四个色彩区。各层钟的基本骨干音可以构成七声音阶，各组甬

铜钟

钟的变化音又互为补充，能演奏采用和声、复调以及转调手法的乐曲。2300年前的青铜乐钟竟能具备这样好的性能和高超的制造技术，在世界音乐史上实为一大奇迹！

鼓

在乐器中，鼓是不可或缺的。曾侯乙墓中，在放置编钟的中室内就有铜制建鼓座。当时的鼓有建鼓、悬鼓及大小不等、用途各异的鼓。它们大多是木制的，在经历了2000多年之后，发现时一般都已朽蚀，难以看到它的全形。1976年，在湖北崇阳出土了一件商代铜鼓，为我们了解商代工匠制作的鼓的形制提供了线索。

这件铜鼓通高75.5厘米，鼓面呈圆形，直径39.2厘米。两侧鼓面平素，但每面边缘都装饰有排列均匀整齐的乳钉三排。鼓身遍体饰云雷、兽面纹。

鼓身上部正中有一元宝状饰物,中有一孔,似可系绳,两侧高起之处像鸟兽之头。鼓身之下有方座,放在平地上相当平稳。这件铜鼓重42.5千克,是目前出土的铜鼓中年代最早的一件。

传世铜器中,有一件铜鼓的形制与上面所说的商代铜鼓相同。这面鼓通高81.5厘米,鼓面直径44.5厘米。鼓身两侧各饰一人头,两侧鼓面饰鼍皮纹,钮上饰相背的卧鸟,鼓身下面有四小足。

在商周时期的贵族生活中,青铜乐钟占有相当重要的位置。无论是妇好墓还是曾侯乙墓中,都把成编的青铜乐钟放入墓内,可以看出死者生前对乐钟是很重视的。特别是曾侯乙墓出土的65件铜钟的总重量达2500千克,这是迄今发现的世上最庞大、最雄伟的青铜乐器,被有人誉为古代世界的"第八大奇迹"。

对商周乐钟钟体所做的激光全息干涉振型检测结果证明,当时每件乐钟都具有两类主要的振动方式:一是正对称振动,其节线通过鼓音所在部位;一是反对称振动,其节线通过隧音所在部位。这样每件乐钟都能发出两个音,所以被称作双音钟。由于节线的走向不仅与钟的结构有关,也与铸件型腔的规范化程度及合范过程中的准确性有密切关系,所以乐钟的铸造,比礼器的生产要困难得多。要铸造一件音律准确的钟,它的技术要求是很高的,任何一个环节出现差错,都得报废而回炉重铸。据测定,商代乐钟的音程关系以大二度居多,说明当时的铸造工艺、测音、调音技术都已取得了很高的成就。西周时期,特别是春秋战国时期,青铜乐钟的音色更美,这与工匠们在音程方面不断改善,铸造工艺、调音技术的改进以及枚的合理配置等都有关系。对曾侯乙编钟的研究结果表明:这些编钟的每件钟体都能发出两个乐音,而且这两个乐音多呈三度谐和音程,很有规律。这说明,当时在铸造过程中已经掌握了为达到某种特定的音响效果所必备的科学知识与技能,这是一项了不起的创造!

曾侯乙编钟经过测音,已齐备12个半音,铜钟重71.1千克。这件铜鼓也是商代遗物,可惜是早年盗掘品,不知出土地点。现收藏在日本的泉屋博古馆。

鼓在古代是一种重要的乐器，常在祭祀、宴飨、乐舞时与钟、磬等一起使用，所以《诗经·周颂·执竞》中说"钟鼓喤喤，磬筦将将，降福穰穰"。也有的古籍中提到：鼓是众乐之长，一切乐器的演奏与终止都要听从鼓的指挥。鼓在战斗中也起着重要的作用，所以有"一鼓作气"的说法。

铙

铙为商代乐器。前人误以为铙与钲为一类器，实则不同。《周礼·地官司徒·鼓人》注："铙铜制乐器，形如铃，无舌，有柄，执而鸣之，以止击鼓。"铙形似铃而较大，形体短宽，有中空的短柄可安木柄。使用时执把，铙口朝上，用槌敲击，因为用手执，所以一般又称为执钟。铙以3个或5个为一组，也有的铙非常大，如北京故宫博物院所藏的兽面纹大铙、湖南出土的象纹和兽面纹大铙形体都极大，后者重154千克，只能扦在座上进行敲打。

西周铜铙

钲

古代行军所用乐器，器物中有自名为钲锤的，即钲。钲形似钟而狭长，有长柄，口朝上才可顺读其铭文，使用时也应口朝上。《国语·吴语》中记："王乃秉袍，亲就鸣钟、鼓、丁宁、錞于、振铎。"韦昭注："丁宁，谓钲也。"钲主要盛行于春秋时代的楚等南方诸国。

49

> **知识链接**

青铜器乐器的祖先：陶钟、陶铙

青铜时代还未到来之前，远古先民就在新石器时代中期用陶土创造出了中国历史上最早的"陶钟"。这是一种用泥土烧制的、与其后世周代青铜钟形制和奏法基本相同的陶质击奏乐器。

迄今所见远古陶钟实物有庙底沟陶钟一件，其形制是：顶端为圆柱形短柄，其下为圆筒长形共鸣胴体，高约9厘米，径约5厘米，外形上小下大，整体呈狭长梯形。由于柄短且体狭长，显然宜于悬挂击奏，这与后世周代出现的钟口向下以悬挂方式演奏的青铜钟形制相近。此器1953年发现于河南陕县庙底沟新石器时代遗址的仰韶文化堆积层，经碳-14年代测定并校正，其年代为公元前3900至3000年间，距今5000多年，据此可知，此陶钟为新石器时代中期遗物，属后世青铜钟类乐器之祖先。

这里所谓"钟类"乐器，是指周代以来，以青铜钟为代表的一系列钟口向下、用悬挂方式击奏的一类青铜击乐器，它包括样式各异、同名和异名的各式铜钟及镈。

陶铙是一种与陶钟近似、但奏法不同，而应单列一类的击奏乐器。

迄今所见远古陶铙实物，有客省庄陶铙一件。其形制是：顶端为圆柱形长柄，下为横宽形共鸣胴体，体高明显小于直径，整体呈短宽长方形，长柄明显宜于器口向上执鸣（手握柄执举演奏）或植鸣（将柄插植于案架演奏），整体形态很似其后商代多见的器口向上、以手执或植于座架方式演奏的铜铙类击乐器。此器1955年发现于陕西长安客省庄二期文化层，经碳

第二章　五彩缤纷的青铜器

-14年代测定并校正，年代为公元前2300至2000年间，距今约4000多年，据此可知，此器为新石器时代晚期遗物，属后世青铜铙类乐器之祖先。

这里所谓"铙类"乐器，是指商代以来，一系列器口向上、用手执方式或植于案架方式演奏的一类青铜乐器，它包括样式各异、同名、异名的各种铜铙、铜钲（非唐宋文献所称"锣形"钲）和句鑃等。

第二节　食器

鼎

商王文丁为祭祀他的母亲武乙之配偶戊，命工匠铸造了一个硕大无比的青铜鼎——司母戊鼎，鼎通耳高1.328米，重875千克，是已知青铜时代体量最大的一件青铜器。它后来作为随葬品长埋在安阳侯家庄殷墟的王陵区，1939年为当地农民从田中掘出。出土这只大鼎的墓在1984年发掘，编号为260号墓，在王陵区是比较小的墓，只有一条墓道，墓内遗物早年都被盗走。

从墓室和墓道中遗留的几十个殉葬者的累累白骨还能看出墓主人显赫的身份。

鼎在原始社会本是用陶土烧制的普通炊具，其主体部分是盆、罐一类的容器，下边加上三个足，便于生火加温。到原始社会末期，鼎的性质发生变异，其中一部分作品制作加工讲究起来，体量也加大了，实用意义逐渐减弱，而逐渐成为权势的象征物。进入奴隶制社会以后，铸造为青铜鼎。这种改变，除了

商朝青铜器——司母戊鼎

材质的不同之外，更重要的是造型与装饰所体现出的时代精神符号的不同。

像司母戊鼎这种方鼎的样式，便是青铜艺术所特有的造型样式。在原始社会，鼎类器物在制作时，借助于泥条盘筑和轮转技术，比较容易做成圆腹鼎的造型，而陶方鼎的出现是比较晚的。商代青铜鼎中也有圆腹鼎，有的为圆腹柱足，有的为浅腹扁足。而体量最大，造型最为庄严的是方鼎，它们以其庄严的外观和巨大的体量，给人以神圣不可动摇的印象。

在商周奴隶制社会里，鼎曾被奴隶主贵族用来"别上下，明贵贱"，作为标志统治权力和等级的一种器物。进入封建社会以后，鼎就失去了这种作用。

鬲

作为古代炊器的一种，鬲早有记载。《尔雅·释器》谓鼎"款足谓之鬲"，《汉书·郊祀志》谓鼎之"空足曰鬲"。可见，鬲的形状是似鼎而空足。早在新石器时代就有陶制的鬲，最初形式的铜鬲就是仿照陶鬲制成的。其形状一般为侈口，有3个中空的足，便于炊煮加热。

铜鬲盛行于商代至春秋时期。商代前期的鬲多无耳，后期口沿上一般有两个直耳。西周前期的鬲多为高颈，短足，常有附耳。西周后期至春秋的鬲

大多数为折沿、折足、弧裆、无耳，有的在腹部饰以扉棱。

还有一种方形的鬲，鬲体分上下两部分，下部有门可以开合，门内可以放入木炭，如《十二家吉金图录》所著录的"季良乍隮鬲"。陕西扶风庄白出土的103件青铜器窖藏内，有一件刖刑奴隶守门的方形鬲。此外，北京故宫博物院亦藏有一件刖刑奴隶守门方鬲。

甗

《方言》曰"甗或谓之酢镏"，《说文解字》说镏："饭气蒸也。"实际上，甗就等于现在的蒸锅。《说文解字》有"甗，鬲属。"《博古图录》甗铤总说："瓶之为器，上若甑而足已炊物，下若鬲而足以任物，盖兼二器而有之。"甗分为上下两部分：上部为甑，置食物；下部为鬲，置水。甑与鬲之间有一铜片，叫做箅，箅上有通蒸气的十字孔或直线孔。

铜甗流行于商代至战国时期。商和西周的甗，甑、鬲常铸成一体，圆形，侈口，有两直耳（或称立耳，耳直立口沿之上）。春秋战国的甗，甑、鬲可以分合，直耳变为附耳（耳在器身外侧）。这一时期还有四足、两耳、上下可分合的方形甗，有的方形甗上部甑内加隔，如1923年河南新郑出土的一件方形甗，可同时蒸两种食物。汉晋以后甗的鬲足就没有了，这种无足鬲，则称为"釜"。

知识链接

青铜器与"簋"的由来

簋［音 guǐ 鬼］：类似于现在的大碗，形状一般为圆腹，侈口，圈足，有无耳、二耳、三耳，甚至四耳的。商周社会，簋与鼎等器物一样，都有标志奴隶主身份高低的作用。据《礼记·玉藻》记载和考古发现表明，簋常以偶数出现，四簋与五鼎相配，六簋与七鼎相配，八簋与九鼎相配。

簋，盛放煮熟的黍、稷、稻、粱等饭食的器具。本字作"毁"，经籍作"簋"。商周时，簋是重要的礼器。特别是西周时代，它和列鼎制度一样，在祭祀和宴飨的时候以偶数组合与以奇数组合的列鼎配合使用。据记载，天子用九鼎八簋，诸侯用七鼎六簋，卿大夫用五鼎四簋，士用三鼎二簋。出土时，簋所见也是以偶数自合为多。

簋，黍稷方器也。——《说文解字》

皆云圆曰簋，谓内圆也。——《周礼·舍人》注

二簋可用享。——《易·损》

於我乎！每食四簋。——《诗经·秦风·权舆》

宰夫设黍稷六簋。——《仪礼·公食礼》

於粲洒扫，陈馈八簋。——《诗经·小雅·伐木》

鼎簋十有二。——《周礼·掌客》

饭土簋。——《史记·秦始皇本纪》

臣闻昔者尧有天下，饭于土簋，饮于土簋。——《韩非子·十过》

管仲镂簋朱纮，山节藻棁，孔子鄙其小器。——宋·司马光《训俭示康》

青铜簋出现在商代中期，但是数量少，晚期前段逐渐增多。商代簋形体厚重，多为圆形，侈口，深腹，圈足，两耳或无耳。器身多饰有兽面纹，有的器耳做成兽面状。

西周时期簋的数量甚多，早期一般沿袭商式，中期变化较大，样式繁多，晚期趋于定型化。

西周簋器大体分为萌芽与奠基、创新与继承、过渡时期与全盛和衰亡四个阶段。萌芽与奠基阶段的青铜簋器形制上是商末流行式样的沿袭，一些特征不明显的器型难以精确地区别其为商器或周器，乃是殷周之际的式样。

青铜簋器的纹饰保持最初的兽面纹，与殷末相比增添了有触角的卧状体躯的怪兽纹，出现了以凤鸟为主题纹饰的器物。随着青铜器的不断发展，簋器出现了变形纹饰，活泼有力，可以说是抽象的变形纹饰占领装饰艺术舞台的新时期。在完成创新后，簋器铭文用笔纯熟，结体圆浑，和前期笔画不相同，其内容除少量反映政治事件外，大多是承平时期世官司世禄的记载，具有鲜明的时代特征。从而可以看出，西周中期的青铜器，在完成周人自己的礼器体制过程中，带有彻底淘汰旧、积极创造新的特点。西周后期青铜器的铸造及纹饰呈现出退步的趋势，简草、粗疏、衰颓成为当时的倾向。在这种情况下，只有极少数的重器才显示出较好的工艺技巧，个别的作品甚至产生新的构图，而成为艺术的翘楚。盘旋龙纹等已形成，这是日后春秋时代盘龙纹的滥觞，簋器由此开始走向没落。

整个西周时期，簋的形式有较多的发展，可分为四耳簋、圈足簋、四足簋、圆身方座簋、三足簋、弇口簋和大侈口簋等各种形式，部分簋上加盖。商周时多数簋体形厚重，饰云雷、乳钉等纹饰，少数为素面或仅饰一二道弦纹。春秋时期簋沿袭西周晚期形制，没有根本的变化。到春秋中晚期，簋这种食器不甚流行，虽然在传统的礼器体制中尚有所发现，但形制有较大变化。簋的铜胎变薄，花纹细碎，有的簋盖铸成莲瓣形。战国以后，簋极少见到。由此可见，簋是商周时重要的礼器。

第三节 酒器和水器

盘

盘是商代至战国时期流行的一种水器。《礼记·内则》说："鸡初鸣，咸盥漱。""进盥，少者奉盘，长者奉水，请沃盥，盥卒，授巾。""长者奉水"即用匜来注水，盘来承接水。盘、匜是相随为用的。考古发现也证明了这一点，盘、匜总是相随的，匜常常放在盘内。盘除用于盛水和承接水外，还可装冰用，如《周礼·天官冢宰·凌人》中说："大丧共夷盘冰。"夷盘乃是盛冰冰尸的大盘。小的盘也盛水用以洗手洗脸，大的盘也可作为澡盆，用以洗浴，如虢季子白盘。

盘

匜

《左传》记载："奉匜沃盥。"沃是浇水，盥是洗手洗脸，就是用匜泻水于手，而用盘接之，说明匜是古代盥洗时浇水的用具。匜形状为长椭圆形，前有注水的流，后有鋬，有的带盖。匜在西周中晚期出现，多有四足。春秋时有三足和无足的匜，无足的很像瓢，战国时期的匜一般都没有足。

盂

《说文解字》："盂，饮器也。"颜师古注《急就篇》云："盂，盛饭之器也。"盂有着盛水与盛饭两种用途。盂侈口，深腹，圈足，有附耳，形似有附耳的簋，但一般比簋大得多，当然也有极个别的簋又大又重。例如，1978年，陕西扶风法门公社齐村出土的厉王㝬簋重60千克，这是例外情况。考古发现的盂，数量很少，主要是商代和西周的，近年来所见报道的如陕西蓝田出土的永盂很重要。盂除有圆形的，也有个的是方形的。

鉴

《说文解字》："鉴，大盆也。"《庄子·则阳篇》说"灵公有妻三人，同滥而浴"，"滥"与"鉴"通。鉴，用做盛水，大鉴并可沐浴。铜镜还未盛行时，古人用鉴盛水来照容，金文的"监"字就像人俯视而照容之形。镜子也称为镜鉴。《周礼·凌人》中说"祭祀共冰鉴"，鉴也为盛冰之器。

鉴盛行于春秋战国时期。鉴的形体都很大，像盆，大口，深腹，有二耳或四耳，传世的吴王夫差鉴和智君子鉴，均属这种圆形鉴。前者自称"御鉴"，后者自称"弄鉴"。西安三桥镇高窑村出土的两件西汉时期的铜鉴，刻铭中直称为铜鉴。也有少数方形的鉴，1975年，河南三门峡上村岭5号墓出土的镶嵌龙耳鉴，就是方形的。

知识链接

殷墟二期青铜器的鉴定要点

与第一期相比，殷墟第二期青铜器的显著特点是，器类增多，新出现有大型重器和鸟兽形象的器皿。方形器较普遍，带盖器皿增多，器体与鋬端多饰以突起的兽头。器物装饰花纹种类增多，复层花和通体满花已屡见不鲜。二三字铭文的铜器较为普遍。在铸造技术上，分铸法已被较多地运用，加上造型艺术、纹样装饰等方面的创新突破，技艺已达到了殷墟青铜器的高峰。

缶

《左传·襄公九年》说"具绠缶，备水器"。《说文解字》说"缶可盛酒浆"，缶是盛水或酒的器皿。传世铜器中名为缶的，仅晋器栾书缶一件。新中国成立后，安徽寿县、湖北宜城出土的蔡国铜器中，又有几件自名为缶的。缶盛行于春秋战国时期，其器型基本特征是圆腹，有盖，腹上有四环耳，也有方形的缶。

盆

关于盆的用途，文献中有多种记载，可盛水、盛血，并可作为量器和乐器使用。形

青铜盆

状基本特征为敛口、狭唇、有两耳、平底。铜器中自命名为盆、目前见到的只有春秋时代的曾大保盆和曾孟嬭盆。在传世的器物中又有器型与盆相同，但自名为"盏"的，如晋公盏，应与盆是一类器物。

知识链接

周朝的青铜酒器

周朝对青铜酒器作出明确规定：一升曰爵，二升曰觚，三升曰觯，四升曰角，五升曰散，六升曰壶。这种青铜酒器的格式和规格，一直沿袭到清代。一般来说，饮酒主要用爵、斝、觚、觯、角等。角的样子似爵，但前后都有尾，无柱，有的角还有盖，盛行于商代；觚，圆形侈口，相当于后代的杯，多为椭圆形，口上前有流，后有把手；觯，形似尊而小，用以饮酒或盛酒。此外，还有青铜杯。

铜陵出土的青铜杯，两边有耳，或称之为"耳杯"。卣、壶、尊、盉等是盛酒器，盛行于商周。卣，圆形或椭圆形，深腹圈足，有盖和提梁；商代壶多扁圆，周代壶多圆形、大腹，春秋时的壶扁圆长颈、也有方壶，战国时的壶有圆形、方形和瓠形等。盉的式样较多，一般是深脐圆口，前有流（即壶嘴），盖和鋬有链相连接。钟、钫等为贮酒器。钫即方形壶，钟即圆形壶，但形体均较大。钟还是商代量器。

战国时的齐国以四升为豆、四豆为瓯、四瓯为釜、四釜为钟。钟、豆、釜等都是当时的标准量器。战国时的釜为坛形，小口大腹，有两耳。豆似高足盘，或有盖。以上这些酒器多源于陶制，商周时则为青铜制。作为饮酒器的爵、斝等沿口处均有柱，有单柱、双柱两种。饮酒时柱则抵住鼻梁，据说是以此提醒饮酒之人，酒多误事，饮酒应适可而止。

第四节
日常生活用具

犁

《释名》曰:"犁,利也。利则发土绝草根也。"清人毕阮疏说:"说文作犂,云耕也,从牛黎声。"犁铧是耕地的犁头,用犁将土地松成一道道的沟。青铜制的犁铧很少见到,流传下来的大部分是汉以后铁制的铧。在陕西岐山、江西新干、浙江绍兴和山东等地出土有铜制的犁。中国国家博物馆收藏的一件铜犁,长17.3厘米,宽13.7厘米,形状近似近代木犁上的铁铧,时代可能属战国。

犁范

锄

《释名》曰:"锄,助也,去秽助苗长也。"锄为古代锄草疏苗的农具。《众经音义》卷十九引《仓颉篇》:"锄,兹其也。"知古代又将锄称"兹其"。

形如铲，但比铲宽，有銎，可安曲柄。传世和出土的铜锄都很少，《愙斋集古录》著录一件"宜"字铭铜锄。河北省文管处也藏有一"宜"字铭铜锄。湖北圻春西周遗址内，发现一件"凹"字形铜锄。

斤

《说文解字》说："斤，斫木斧也，象形。"《孙子》曰："良匠提斤斧造山林。"斤主要作为砍削木料用的工具，有时也可能在农业上用于锄草。古代铜制的工具流传下来的要比其他种类的青铜制品少得多，但铜斤有不少流传下来。斤的形体呈单斜面或双斜面，銎形和装柄方式与镢相同。

斧

斧是古代砍木或砍凿其他坚硬物质的工具，远在新石器时代已开始使用

战国鹤嘴青铜斧

中国古代青铜器
ZHONG GUO GU DAI QING TONG QI

石斧，青铜时代中的铜斧是由石斧演变而来的。流传下来的铜斧较多，主要有以下几种形状：体较长，刃平直或略呈弧形，圆銎；宽身，弧刃，圆銎，近似兵器中的钺。两侧近刃部较长或呈弧形，圆銎或长方形直銎，直刃或弧刃，近似现代的斧。圆銎斧的柄横装，直銎斧的柄直装，使用时用两手把握。

凿

按照《说文解字》"凿，所以穿木也"的说法，凿是凿孔或挖槽用的工具。体细长，上宽下狭，直銎，刃部略呈弧形。使用时，用锤子一类工具锤打。传世品如北京故宫博物院所藏的商代"亚"凿。凿的出土器物很多，如大司空村、山彪镇、琉璃阁、寿县等处均有出土。

知识链接

巧夺天工的青铜家具

郭沫若曾对春秋战国时期青铜工艺进行过精辟的概述："自春秋中叶至战国末年，一切器物呈出精巧的气象……器制轻便适用而多样化，质薄，形巧。花纹多全身施饰，主要为精细之几何图案，每以现实性的动物为附饰物，一见即觉其灵巧。"这时期的青铜家具出现了新的特征，商代青铜家具以祭祀用器为主，具有宗教性意义；周代青铜家具以礼器为主，具有人事的定义。而春秋战国时期的青铜家具虽然仍旧带有礼器的特征，但已逐渐失去祭祀和礼器的职能，向生活日用器物方面发展。

第二章 五彩缤纷的青铜器

这个时期的青铜器类家具，除承前代青铜家具禁、俎等部分传统品类外，还出现了新的品种——青铜案，而且不论造型还是装饰都与前代有所不同。特别是在家具制作工艺上有所创新。在制作上，由商周时期的浑铸发展到分铸，又采用焊接、镶嵌、蜡模等新技术、新方法，青铜家具式样更加丰富多彩，玲珑精巧，其技艺达到历史的最高水平。青铜工艺制作技术的改进，以及加工方法的增多，大大加强了它的装饰艺术表现力，丰富了它的工艺形象。如焊接方法的应用，既便利铸制过程，也可以丰富器体的造型，提高了青铜器的艺术效果。金银错，是一种错嵌金银为装饰的青铜器，先在铜器上刻成图案浅槽，后用金银丝或金银片镶嵌（压入）槽内，再用错石（厝石）磨错平滑（厝石就是细砂岩）。金银错是春秋战国时期青铜工艺装饰的一种新创造。鎏金是将金箔剪成碎片，放入坩埚内加热，然后以 1∶7 的比例加入水银，即熔化成为液体，这种液体也称为金泥，再将金泥蘸以盐、矾等物涂在铜器上，经炭火温烤，使水银蒸发，金泥则固着于铜器上，称为鎏金。最值得一提的是这时期失蜡法的运用。失蜡法制作简便，无需分块，用蜡制成器形和装饰，内外用泥填充加固后，待干，倒入铜熔液，蜡液流出，有蜡处即为铸造物。这样制作的器物表面光滑，层次丰富，可制作出复杂的空间立体镂空装饰效果。失蜡法的创造，是我国古代金属铸造和铸件装饰史上的一项伟大发明。

1978 年于河南省淅川县下寺 2 号春秋楚墓的云纹禁，禁面四边及侧面均饰有透雕云纹，禁身前后两面各饰有 4 个立雕伏兽，左右两侧面各饰有两个立雕伏兽，禁体下共有 10 个立雕状兽足，禁四周围着的龙以及立体框边、错综结构的内部支条，均是用失蜡法铸造的，尚可见蜡条支撑的铸态。有学者认为，此器是目前所知的中国最早的用失蜡法熔模工艺铸造的器物。

再如河南省淅川下寺2号春秋楚墓出土的青铜俎,两端微翘,两端宽,中间窄,中部呈凹状,四足扁平。断面呈凹槽形,俎面和四足均饰镂孔矩形花,周身又饰以细线蟠虺纹,造型给人以轻巧的感觉。

1997年河北省平山县战国中山王墓中出土的错金银嵌龙形方案,案之四缘饰有错金银云纹,其上镶漆木案面已朽。案座为四龙四凤缠绕盘结成半球形,龙头顶斗拱承接着方案。龙凤之下为圆圈形底盘,盘缘饰有错金银云纹。盘下有4只梅花鹿,亦饰错金银云纹,动物造型尤为生动。

由于青铜家具采用模印的方法产生装饰花纹,所以四周衔接具有整体效果,统一而不单调,繁复而不凌乱。在青铜家具的装饰题材上,逐渐摆脱了宗教的神秘气氛,使传统的动物纹更加抽象化,出现了反映社会现实生活的题材。这时期青铜家具造型附件既是装饰,也是整体造型的一部分。如淅川下寺2号墓出土的禁附饰足,为富有生趣的动物虎足,尤为生动。而河北中山王墓出土的龙凤方案,其案面下的4足为梅花鹿足,栩栩如生。这些青铜家具上的造型附件,既起到装饰作用,又是整个造型、功能中的有机组成部分。另外还常在漆木家具上配以青铜器扣件,或镶嵌竹器、玉石等饰件,既增加了木质家具的牢固实用性,又增加了木质家具的装饰性。如漆木案上的四隅常常包镶铜角,两边也常加青铜铺首衔环和装铜质蹄状矮足等。

锉

青铜锉用于摩擦加工竹、木、骨、角等,《诗经·小雅·鹤鸣》有"他山之石,可以为错。他山之石,可以改玉"之说,也说明古代最早是用石为锉。

第二章 五彩缤纷的青铜器

铜锉迄今发现的不多，从河南汲县山彪镇战国墓和安徽寿县楚墓中出土的铜锉来看，主要有直锉和弯锉两种形式。

锥

锥为穿孔用的工具，青铜制的锥，流传下来的不多。形式有的为细长扁条形或细长条形；有的锥末有环，似削，可佩系；也有的锥末做成圆形镂孔的把手，以及柄部雕镂花纹。信阳战国楚墓出土的锥，形状与现在一般民间使用的锥很相似，锥末为前细后渐粗的圆柄形枘，前面插针头。

知识链接

陕西宝鸡戴家湾西周青铜器

戴家湾遗址，位于陕西宝鸡渭河以北的黄土台塬上。这里依山傍水，地理位置优越，一直以来秦冢汉茔、官墙私墓数不胜数。清光绪二十七年（1901 年），斗鸡台乡人就曾盗掘出铜器 20 余件，其中包括著名的"柉禁十三器"：禁、尊、觥、斝、盉、爵、角、斗各 1 件，卣 2 件，觯 4 件。这些器物后被清末大臣端方收藏，并著录在《陶斋吉金录》中。1911 年辛亥革命之后，端方卒于四川，由于家道衰败，这批珍贵文物经其后人之手流散出去，现藏于美国大都会博物馆。

1928 年，盘踞在凤翔一带的军阀党玉琨又将贪婪的目光投向了这里。党玉琨，又名党毓坤，绰号党拐子，据说他年轻时曾经在北京的古玩店当过学徒，深知古物的价值。他曾经将 3 件珍贵的铜器送给了某军阀，该军

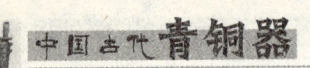

阀回赠他两挺机枪、3把手枪、子弹万余发。党玉琨欣喜若狂，萌生了大肆盗掘古墓以换取枪支弹药的念头。1927年秋至1928年春之间，大规模有组织的盗掘活动在戴家湾地区展开。党玉琨设立了专门的挖宝机构，并召集桥镇、贾村、蟠龙、陈仓等80多个自然村的村长议定：千河以西各区、里、村摊派600民夫，轮流出工，人数最多时达1000多人。党玉琨甚至从西安请来了古董商做技术指导，还命专人进行器物登记和分类，最后还要清洗和照相。这种颇为"专业"的盗掘，在民国时期还是比较罕见的。据当年的参与者回忆，这次盗掘共发掘墓葬50余座，挖出铜器1500余件。除此以外，还有玉器、金器等等，种类繁多，数量惊人。这些器物自盗掘后就不断流失，至今多数下落不明。

尺

最早的尺，多用木、骨和象牙制成。因木、骨易腐朽，保存到后世的很少。现在保存下来最早的尺是河南安阳出土的几件象牙尺，尺上都有刻度，正面刻10寸，每寸刻10分。目前所发现的最早的铜尺，是战国时期的。例如：现藏于南京大学的1931年河南洛阳金村出土的铜尺，正背两面无刻度，仅在一侧刻10寸，第一寸处刻11格，其余9寸不再刻小格。但在5寸位置刻有交午线。据实测，尺长23.1厘米，宽17厘米，厚0.4厘米。

量

量为量东西的器皿，如同后来的升、斗。《礼记·明堂位》记述，周公在制礼作乐的同时，也"颁度量"，而使天下大服。战国以前这种计算体积的量器多用陶或木料制成，战国后开始大量用铜制作量器，流传下来的很多都是当时国家颁布的标准量器。如传世的商鞅方升，是秦孝公十八年（公元前344）商鞅变法时颁布的标准量器。器作长方形，有柄，实测容量201毫升。有名的陈纯釜、子禾子釜和左关䥝，都是齐国官定量器。陈纯

秦代青铜量

釜和子禾子釜作长圆罐形，有二耳；左关䥝作椭圆形。齐国量制单位为升、豆、区、釜、钟。新莽始建国元年（9年）颁发的标准量器新嘉量有斛、斗、升、合、龠五种单位，器作圆形，在各部分外面分别有刻铭，说明量值及其计算方法。经实测并据各部分刻铭计算，嘉量一斛近20000毫升，一斗为2000毫升，一升为200毫升，一合为20毫升，一龠为10毫升。新嘉量制作准确，在中国度量衡史上占有重要地位。

在文物考古工作中，发现了很多铜量器，例如：1976年，安徽凤台出土的战国时代楚国的郢大府铜量；天津文管处藏西汉时代的平都铜椭量；1956年，河南陕县出土的王莽始建国铜撮；1953年，甘肃古浪陈家河台子出土的建武大司农铜斛等。而始建国铜撮的发现，使人们对新莽时代量制的一些情况又有了新认识，它补充了龠以下的容量单位，据有关部门对撮的实测，五

撮为一龠。

权

权为古代测重量所用,多为铜或铁制,相当于后世的砝码和秤砣。现存最早的铜权是战国时期的,尤以秦国与楚国的出土最多,秦的许多铜权上都附有始皇诏和二世诏,形制多做成覆盂状圆形,很像今天的馒头。1964年,陕西西安阿房宫遗址出土的高奴禾石铜权,实测重量30.75千克。

宋代青铜权

知识链接

我国古代兵器的产生

兵器,秦汉前称为兵、械、器、兵甲、兵仗、兵革等。它的起源,可上溯到原始社会时期。那时,用于劳动的工具和自卫防身的武器,是分不开的。大量考古发掘资料证实:在旧石器时代早期,人类就已经学会制作简单粗糙的石质工具。这当中,能从远处掷击猛兽的石球,用石器修制的木棒,将棒头削尖而成的标枪等,就是原始人主要的狩猎工具。旧石器时代晚期,人类制造工具的技能进一步提高,在木棒一端缚上加工过的不同形状的石块,就成为石斧、石矛、标枪等复合工具。同时,创制了飞石索,发明了原始弓箭。这些既是狩猎工具,又是武器。到了新石器时代,随着磨制和钻孔技术的进步,石器制作规模的扩大,石工具不仅种类增多,制工精细，且用途趋向专一。新石器时代中期后，出现了劳动工具用于械斗杀人之事，表明从此时起，具有战斗性能的工具从一般的狩猎、捕鱼、农业工具中分化出来，逐渐转变成兵器。

中国古代兵器是由新石器时代晚期的生产工具演变而来的，它的起源较早，经历了石兵器、青铜兵器、钢铁兵器、火器等发展阶段，具有5000多年的悠久历史。这些兵器既前后相续，又不断推陈出新。而火药的发明与火器的创制，则开创了人类战争史上火器与冷兵器并用的时代。

"国之大事，在于祀与戎。"在3000多年前，商王朝就把征战和祭祀天地祖先并重。历代统治者非常注重对兵器的生产和研制，设专门机构管理，把最先进的科学技术用到了兵器上。新石器时代的玉、石兵器，夏、商、周、春秋时代的青铜兵器，战国时期产生、秦汉发展起来的钢铁兵器，都称得上是当时先进科学技术的代表。许多兵器，特别是贵族首领的兵器，嵌玉镶金，镌铸铭文，装饰华美，是不可多见的艺术珍品。

自兵器诞生起，到鸦片战争为止，中国古代兵器的发展经历了原始社会、奴隶社会、封建社会，按其特点大致可以分为原始兵器、青铜兵器、钢铁兵器、古代火器四个时期。

第二章

独领风骚的青铜器工艺

中国古代的青铜器工艺十分发达,并以制作精良、气魄雄伟、技术高超而著称于世。把青铜器作为贵族宴享和放在宗庙里祭祀祖先的礼器,并不是一般人可以拥有的日常器物,而是被当作一种权力和地位的象征、一种记事耀功的礼器,也因此,而流传于世。古代青铜器的制作工艺,不仅是我国古代青铜文化的重要特征,而且在世界青铜文化史上也占有十分重要的地位。

第一节
认识青铜器工艺

青铜器工艺的崛起

奴隶制代替原始公社制，是人类社会历史发展中的一大进步。奴隶制生产关系的确立，促进了社会生产力的发展，也使人类社会史从野蛮进入了文明时代。

在奴隶社会，奴隶是创造历史和文明的动力，奴隶主大量使用奴隶劳动。这样就可以较大规模地进行生产，促使农业、畜牧业、手工业进一步发展和分工。在手工业部门，特别是王室所掌握的手工业，大批的奴隶被赶进各种作坊，生产规模空前扩大，这是原始公社时期所不能与之相比的。我国古代青铜冶炼和青铜器的制作，主要是在奴隶制下开始和发展的，因而它的制作发明，是与奴隶制生产关系和生产力情况密切联系的。青铜可以制作成生产工具，虽然在当时历史条件下，它不能完全代替石、木、蚌、骨器，但在生产中，对促进生产力的发展起了重要作用，也是奴隶社会生产力发展水平的一个重要标志。

目前所知世界上使用青铜器最早的地方是在美索不达米亚，即两河（幼发拉底河和底格里斯河）流域。古埃及中王国时期，也出现了较多的青铜器。就目前所发现的有关青铜器材料，我国青铜器虽然要稍晚于古代埃及和两河

第三章 独领风骚的青铜器工艺

流域,但却有着自身发展过程、本民族的风格与特点。尤其是,我国奴隶社会青铜彝器的制作,是与当时奴隶社会严格的礼制紧密相联系的,是我国古代奴隶社会独有的特点。

繁荣的青铜器工艺

近几十年来,尤其是新中国成立后,考古工作者对古代的青铜冶铸遗址不断有所发现。这些遗址呈现出三大特点:发现的地区广泛,可以看出各地的共性和差别;青铜冶铸业最发达的几个时代的冶炼遗址都有发现,可看出各个时期青铜器制作的继承性,以及冶铸从简单到复杂发展的脉络;文化遗址内涵丰富,可以基本上了解和复原冶炼青铜的工具与原料,以及青铜器铸造的过程等基本面貌。

1952年,郑州发现的商代遗址,面积大约有25平方千米。其中包括制陶、制骨、青铜冶铸等遗址。发现的商代早期铸铜遗址,主要有南关外和紫荆山两处,其中南关外一处面积就达1000平方米以上。在其作坊遗址内发现有陶范残片1000多块,经过黏对复原,可看出器形主要有鬲、爵、斝、觚的范,但以镞范和外镶范最多,据此推断该处可能是一处以铸造这两种器物为主的铸铜作坊。另外,还发现有红烧土、木炭屑、冶铜坩、铜矿石等。紫荆山北的遗址,主要发现有一些刀和镞的陶范。两处遗址所铸器物种类不同,说明当时手工业内部已经有了一定的分工。

1958年至1959年,在河南安阳小屯东南一里许的苗圃北地和孝民屯发现的冶铜遗址,是商代后期规模较大的一处冶铜遗址,遗址面积估计可达1万平方米以上。在遗址内用夯土修筑的工房内堆有大小几千块陶范,其中一件大型陶范长

铜鼓

73

达1.2米，在遗址内还发现有炼炉残壁、木炭、炼渣等。最重要的是发现了专门炼铜的坩埚——将军盔，因其形状像盔，故发掘者将其称为将军盔。商代后期冶炼业非常发达，且大部分都直接成为王室手工业的一个重要组成部分，因而很多作坊都集中在殷都。

青铜工具

关于西周的冶铸情况，在陕西的沣镐地区，即属宗周范围的现今客省庄和张家坡地区进行的考古调查和发掘可见一斑。1955年至1957年，在张家坡发掘出4件车马器的外范和内模，在客省庄的马王村发掘出一些铸造青铜容器的陶范。对这些西周早期的范模和西周的铜器实物进行考察，发现这一时期的青铜冶铸技术，与商代后期没有什么不同。对西周冶铸情况提供比较全面信息的，是1976年在洛阳北郊发现的一处西周前期的炼铜遗址，这是第一次发现的大型西周青铜器铸造遗址。该遗址总面积约28万平方米，出土了大量的红烧土和碎范块，有容器范、车马器范、兵器范、工具范。其中容器的鼎范和卣范残留的块都很大，也可看出其整体也是不小的。从出土的熔炉壁残块中，可计算出炼炉的最大直径为1.8米，最小直径为0.3米。在炉壁内还有一层均匀的炉衬，经岩相鉴定是由石英砂和莫来石等矿物组成。洛阳西周冶铸遗址的发现，填补了这一时代青铜器冶铸的空白。

春秋战国时期的冶铸遗址的发掘，发现地点较多，取得了较大收获。1976年，辽宁省林西县发掘一处春秋早期的大井古铜矿坑和冶炼遗址。1974年，湖北大冶铜绿山发掘的古矿冶遗址，使人们对春秋战国时代的采矿和冶金工业有了新的认识。遗址南北长2000米，东西宽1000米，经鉴定知其主要矿石有孔雀石、自然铜、赤铜矿。还发现了用"榫接"等结构形式支承巷道盖顶的矿井支架，令人惊叹的是，有些至今仍很坚牢。当时矿工已懂得利用井口的高低不齐而形成的气压差的特点，解决井下的通风问题。有关冶炼的遗物也极为丰富，有炼炉、炉渣、大铜斧、铜锛等。冶炼出的成品有饼状铜锭，可以推断很可能采矿后就地进行冶炼。1960年至1961年，山西侯马春秋时代晋国都城内的一处达3000平方米的冶铜遗址的发掘，为人们研究这一时期的青铜冶铸业提供了丰富资料。该遗址内发现有4座呈圆形的残炼炉，大批的陶范，仅一次发掘统计共出土残陶范3万多块，其中许多都可以成形配套，有些范上还有精致的花纹。这些陶范，不论制作技术或艺术的水平，都达到了一定的工艺技术高度。器范种类主要有礼乐器、工具、兵器、车马器、镜、带钩等。此外，还发现了铜锭110块，其中最大的一块重4千克。

知识链接

西周中期青铜器的鉴定要点

此时期出现了簠、匜、编钟等新器类，而且许多器物的形制在原来的基础上有了许多改革。如鼎足的根部发达起来，兽足最为流行；鼎的腹部变得更浅，出现像师趛鬲那样的新式鬲鼎型。侈口垂腹双耳簋虽还流行，但多加盖。同时，出现了像豆闭簋那样的弇口兽首衔环簋，低体宽腹。

酒器的减少也是这一时期的突出特征。《尚书·酒诰》记载，周人鉴于商朝统治阶层酗酒亡国，颁行禁酒令，以纠正社会风气。西周的酒器确比商代少，商代常见的爵、觚、尊、方彝等酒器，西周早期还多，至西周中期一下此时就全都消失了。

青铜器工艺的原材料

炼铜需要铜矿砂，自然界中的铜矿砂基本上有3种，自然铜、硫化铜和氢化铜。考古实践证明，古代炼铜矿砂主要是用一种呈绿色的颜色鲜艳的铜矿石，因其色彩似孔雀身上的羽毛，故俗称"孔雀石"，它属于氧化铜的一种。在殷墟冶铸遗址中发现了不少这种"孔雀石"碎块，尤以1929年发现的一块重18.8千克的为最大，其中混杂着一些赤铁矿。在反映春秋战国青铜冶炼技术的湖北铜绿山矿遗址，其老窿中主要矿物有孔雀石、自然铜、磁铁矿、赤铁矿。当时主要开采利用的，是孔雀石矿和自然铜矿。

在我国古代随着生产的不断发展，劳动人民在生产斗争中不断进行总结和探索，对铜矿的开发也是如此。《管子·地数》篇说："出铜之山，四百六十七山，出铁之山，三千六百九山……上有慈石者，下有铜金；上有陵石者，下有铅锡赤铜……"当然对铜山数字的统计，从现在的角度看，无疑只是个大略数而已。就拿铜矿山来说，这些矿山究竟在全国范围内怎样分布？就没能进一步记载下来，是否在人们现在发现的铸造遗址附近？或虽未发现青铜铸造遗址，但历年来发现有较多的青铜器出土的地方与附近是否都有分布？就拿商代王室冶铸业最集中的地区，今河南安阳一带，有没有铜矿呢？按《邺乘》记载："铜山在县西北四十里，旧产铜。"因而，殷墟冶铸原料所出孔雀石，很有可能是就地开采的。又据后人记载，在安阳附近300千米内，也有许多铜矿。诚然，这些地方开采的铜矿石，也完全有运入安阳的可能性。

锡矿，一般都产在长江以南地区，《禹贡》记载，荆州、扬州"厥贡惟金三品"，因而长江以北的诸地区要

越王剑

第三章　独领风骚的青铜器工艺

铸青铜器，其锡应从南方运来。

在一些铸造铜器作坊遗址内，发现有炼炉的残迹、陶范、木炭、红烧土、炼渣等（即铜矿石冶炼后的废渣）。炼渣的发现，说明冶炼铜矿石与铸造铜器可能同在一个作坊内，这是一种情况；另一种情况是，因为古代交通不便，铸造铜器的地方与矿山一般距离较远，直接将矿石运到铸造地，实在太麻烦，为减免运输之劳，就山冶炼。考古发现的一些铸造铜器作坊遗址里还发现有冶炼好的粗铜块，如侯马"牛村古城"铸铜器遗址一窖穴内曾发现两堆共110块铜锭，最大的一块重4千克，两堆钢锭总重量为95.5千克。这很明显地说明，在铸铜作坊遗址内发现的这些铜，完全是为铸造铜器而备用，而这些铜完全可能是在别处冶炼好后，运到这里来的。故宫所藏的"屡敖毁"盖，其铭一开始有"戎献金于子牙父百车，而锡釜屡敖金十钧"句，"戎"在商周时称鬼方，或混夷，或玁鸾；西周时称狎狁，或戎；春秋又称狄；战国以后又称胡，或匈奴。西周时代的"戎"，主要分布在今陕西、山西境内。此处"金"即"铜"，戎人所献的金，应是已炼好了的粗铜。

湖北铜绿山发现的炼铜遗物炉渣，据初步计算，共约有40万吨左右，可见冶铜规模之大。

关于冶炼工具问题，在目前发现最早的青铜器所在地——河南偃师二里头遗址里，没有发现冶铜的作坊，不过冶铸业比其他手工业要复杂多了，它在这时有可能已成为了一门独立的手工业。

新中国成立后，在河南郑州曾多次发现有关商代前期的冶炼遗迹，但最重要的还是南关外的冶铜遗址，这一遗址的出土物使我们对当时的熔铜工具也有所认识。当时冶炼铜的坩埚主要有两种，一种为红陶质的大口缸，另一种为灰陶质的大口尊。由于这两种器皿，在一些有关生活遗址内也有发现，原来并非是炼铜工具，因而使我们知道它们是炼铜的一种代用品。这种代用品，原来的器壁是较薄的，用来作冶炼工具还必须加工，在其内外均涂以很厚的草拌泥，壁厚一般达2厘米，这样就可以坚固，不致破裂。这些坩埚经过高温，胎与草拌泥都呈红色了，在里面往往还积留着冶炼时剩下的钢渣。

另外，也有一种坩埚是纯用草拌泥堆制而成的。此外，还发现了炼铜炉壁。

商代后期的熔铜坩埚较二里岗的有很大进步，从安阳苗圃铸铜遗址中，发现有专门的熔铜坩埚，俗称"将军盔"，将军盔一般是红黄颜色的，陶胎很厚，内夹有砂粒。由于陶壁厚，因而能经受高温而不致破裂；尖底的优点是便于插立和转倾。殷墟曾出土过一件高32.5厘米、口径22.6厘米、壁厚8厘米，可熔铜12.7千克的"将军盔"。如果用来铸造闻名的司母戊鼎，同时冶炼就需要70个坩埚，要由许多人一起同时操作，如果再加上铸造这件铜器的其他工种，那人数就更多了。由此也可看出，苗圃遗址的确是一个规模宏大的作坊。

西周的冶炼工具就更进步了。在洛阳的冶炼遗址内，发现了熔炉壁，直径可达1.8米，在炉壁内有一层均匀的炉衬，炉衬的原料是由石英砂和莫来石等矿物组成，这层炉衬的优点是防止铜液黏壁和炉壁破裂。

山西侯马和湖北黄石铜绿山，出土有春秋战国时代的熔铜炉。侯马出土的熔炉，平面呈圆形，底径约70厘米，高于炉底35厘米处有一层炉箅；铜绿山的炼炉则大小不同。

历史证明，古代劳动人民无论是在检验、挑选铜矿石，还是在制造冶炼工具上，都不断地发挥创造与智慧的才能，为铸造精美的青铜器奠定了物质技术基础。

青铜器铸造过程

通过冶铸遗址和许多有关冶铸实物的发现，人们基本上可以了解古人冶炼青铜和铸造青铜器的过程。

古代劳动人民，在长期的生产实践中，熟练地掌握了采矿、炼砂、制范、熔铸等青铜冶铸的程序。那么，青铜冶炼和青铜器铸造的具体过程又是怎样的呢？

1. 青铜器的冶炼

青铜器的冶炼可分成以下三个程序：

选矿：古代劳动人民在生产活动中，为了不断改进石制生产工具，除对石料本身进行打磨加工外，还有很重要一点，就是对石料好坏的选择。在寻找石料中发现了铜矿石，以后逐步掌握了哪些是有开采价值的富矿。在炼砂前，仅仅选择那些杂质少、铜质好的铜矿石，以备熔炼。

初炼：把选择好的铜矿石进行破碎，然后与燃剂木炭一起放入坩埚或炼炉内。为使矿石熔化，可能是坩埚或炼炉内外点火；也可能在坩埚内用吹管吹进氧气，以使火力燃烧得更旺。待铜矿石熔化后，将汁液倒出，弃去炼渣，铜液凝固后，便得到粗铜。这种粗铜，就是为冶铸铜器准备的。

提炼和加锡：把粗铜再放入坩埚或熔炉内进行提炼，经过提炼后，杂质更少，铜质更纯净。如果要铸造什么器物，根据所铸器物种类的不同，而加一定比例的锡。一般来讲，工具、兵器需多加锡，一般容器则少加锡。

战国时期错金银青铜器

2. 青铜器铸造的简单工艺过程

粗铜经过提炼和加锡后，即可用来熔铸铜器。但是，一件完整的器物又是如何制造的呢？这就需要在提炼和加锡之前，做好制范的准备。我国古代劳动人民很早就发明了用石范铸造铜器，在江西清江商代前期遗址里，发现了较多的石范，但在商周时代主要是用泥范铸造铜器。制范按其工艺先后，基本上可分成以下几步：

做模子：想铸一件什么器物，先用泥土作个样子作为初胎，在殷墟就曾发现过方彝、鼎、觚、卣、盘等器物的残模。因而推断，在正式制范之前，要先作模，它是制范的基础，这种陶模又称为母型。最初的铜器一般是仿照竹、木器和陶器的样子，比如鼎、鬲、爵等都是仿陶的。因为要做的铜器上有平雕或者凸雕的花纹，因而在制模时，先要在模上画好花纹，花纹的凹入部分用刀雕刻出来，凸起部分用泥琢好后再加贴上去。

铸造铜器的模大都是用泥作的（个别有用石范的），这也是铸造青铜器的传统技艺，这种方法无论是铸小型还是大型的铸件，都有着良好的效果。但这种工艺不适合铸造器形和雕镂复杂的器物，为了克服这一弱点，工艺上便又有了创新，春秋战国时发明了失蜡铸造法（又称拨蜡法、出蜡法、走蜡法）。

翻范：陶模做好后，就可制范了。将经过细筛过的泥土调制和匀，拍打成平片按捺在陶模的外部，用力压紧，使陶模上的纹饰反印在泥片上。等泥片半干后，再按照要铸造的器物特点，将其划成若干块，划开时主要按耳、足、角、边或中线等处用刀划整齐，使每相邻的两片有三角形的榫卯就可以密切吻合。划下来的每一泥片，将其阴干或用微火烘干，再合成一个外腔，即成为所要铸造器物的外范。外范，又称为铸型。

外范块数的多少，因器物种类不同而异，铸造工具和武器的范是用两扇单合范合成的，郑州二里岗发现的商代前期的大量的镞范，每一扇范内有 5～7 个排列得好像树木的叶脉一样向左右分开，因而可知镞范一次就可铸造出

第三章　独领风骚的青铜器工艺

5~7个或者更多的镞来。因为镞射出后是不易再收回来的，当时的冶铸业发展可见一斑。而铸造铲、斧、镢、矛等工具和武器，因其后端有銎（按木柄之孔），在铸造时就需有内范和外范，采用双合范和填范的方法。容器则用3块陶范以上的多合范法了，这种具有高度技巧的铸造技术是奴隶们长期生产经验的结晶。采用分铸法，是冶铸的奴隶们在处理形体较大、形制较复杂器物方面的一项杰出发明。这种方法在商代的其他较复杂的器物上也可以看到，例如故宫藏酰亚方尊器肩上的象头和兽头就是采用的这种方法。

合范：把贴在泥模上的泥片按照一定的方法划下来后，再合拢在一起作为器物的外腔，即外范。在外范中心加一泥芯，作为内范，内范要稍小于外范，一般是将原来的泥模外表刮去一层，即可成为内范。外范与内范中间的空隙，为溶注铜液处。两者的距离也就是要作器物的厚度。为使器壁厚薄均匀，常常在内外范之间设置土支钉，或子母榫眼相扣。器物上的花纹是刻在泥模上反印在外范的内壁上的，而铭文则是反刻在内范上的，因而商周青铜器上的花纹与铭文大都是铸上去的。到春秋时代铜器上才开始出现了刻铭，例如春秋中叶的栾书缶，不但在器表上刻有5行40字铭文，而且每字还嵌以金。到战国时代，铭文才普遍是器铸好后，再刻字的。例如具有长铭的中山王营鼎等几件铜器，铭文都是刻上去的。

浇注：在浇注之前，为了防止在灌浇铜液时产生很大的涨力将拼好的范冲开，便用泥土围填外范，起到加固的作用，并留有灌浇孔和通气孔。灌浇孔有时不只一个，几个孔同时浇灌铜液，可以防止铜液很快"冷隔"。按器物种类的不同要求，将铜锡比例配合好的溶液向范内浇注，等溶液凝固，便将围填外范的泥土和内外范打碎，将铸好的器物取出。

应指出的是，商周青铜器中，有些看似是同类器，即从表面上看似乎是用同一范铸出来的，但仔细观察会发现，没有任何两件在造型、花纹等方面完全相同的。这是因为当时的青铜器制作是一模作一范，一范只能作一器。

打磨修整加工：器物脱范后，表面往往是粗糙的，花纹也不够清晰，只有经过打磨修理加工，才能成为一件表面光滑、花纹清晰的完好器物。

综上所述，铸造一件青铜器，必须要经过冶炼、制范和熔铸等几道工序，缺一不可。虽然随着时代的发展，铸造技术有了一定的进步和创新，但其基本的铸造技术并没有什么明显变化。

知识链接

青铜兵器

我国大约在夏代进入青铜时代，但青铜兵器大规模使用则在商代，到战国时代，青铜器发展到顶峰。与此相适应，青铜兵器也发展到其鼎盛阶段，人们已经精确地掌握了铸造各种青铜兵器的不同合金比例，并摸索出了通过控制青铜合金比例制作青铜复合兵器的方法，形制也更为成熟，具备了更高的作战效能。

原始社会晚期，我国发明了冶铜术。约公元前21世纪，从夏代开始，我国进入青铜时代。夏朝，是我国第一个奴隶制国家。据史籍记载，夏代建有军队，并且能用铜铸造器物。考古证实，河南、甘肃等地的相当夏代纪年的文化遗址中，出土有青铜冶铸的矛、镞、刀、匕等兵器。这说明夏代军队在装备大量石兵器的同时，开始装备少量青铜兵器。公元前16世纪商朝建立后，军队人数增加，车兵渐兴。至商朝中期，后车战逐渐代替了原始步战这些变化对兵器提出了要求。青铜冶铸技术的进步，为青铜兵器的发展提供了物质技术条件。商代青铜已从铜锡矿石混炼的初级水平，也发展到在纯铜中加入一定比例的锡或铅进行熔炼的较高水平。陶范，发展到用多块范、芯组成复合范以及一型多腔范等。铸造技术采用分铸法和与之相适应的铸接法，这两项技术是运用较简单工艺原则制造形状复杂器物的方法。这些技术的出现和发展，为我国开创出一条具有本民族特色的

第三章 独领风骚的青铜器工艺

冶铸技术道路。在技术发展的同时，冶铸规模发展亦较快。由于青铜具有石料不可比拟的良好韧性、可塑性、成型性等机械性能，车兵武器很快便实现了青铜化，种类也比较齐全。一套车兵武器组合包括：远射的弓箭，格斗的长柄戈、矛或大刀，卫体的短刀、短剑，护体的青铜胄、皮甲和盾等。

西周于公元前11世纪建立后，为了镇压殷贵族反抗和对外扩张战争的需要，组建了更大规模的军队。也使符合当时车战特点的青铜兵器，在制造技术、种类、形制、性能上，都超过了前代。在继承殷商传统技术的基础上，发展了浑铸工艺、器物表面镶嵌工艺、铸件缺陷修补工艺等。对青铜的合金组分、性能和用途之间的关系，也有进一步明确认识。青铜冶铸规模和分布地区继续扩大，如洛阳北部西周早期冶铸遗址面积，约占9万至12万平方米。出现了攻城战具，开创了我国城战攻守具的先河；增加了青铜戟、青铜剑和青铜殳，为车战兵器增添了新品种。周初较接近殷商兵器，后期形成了周人自己的风格。以戈为例，商代主要有4种类型，西周时前两种被淘汰，后两种向延胡加穿方向发展，援阑间夹角由直角扩大到100°以内，加强了勾割效能。后期出现圭首状长援戈，成为春秋戈制的祖型。

春秋时期，诸侯纷争，车战盛行，有力地推动了兵器业也进一步发展。概括起来有4大特点：一是青铜兵器制造技术达到成熟阶段。这一阶段已能够综合运用分铸、浑铸、锡焊、铜焊、复合金属铸造、表面纹饰的硫化、熔铸等技术，熟练掌握了青铜合金配比技术。出现了工艺技术专著。成书于春秋末期的《周礼·冬官·考工记》，是现存我国最早、也是世界最早的一部手工业技术著作。书中对兵器制造技术进行了较全面系统的总结，对于制车、制弓、制箭、制甲、制器柄等，从选取材料、尺寸比例、制作工艺、产品检验等方面提出了明确的技术标准，成为指导兵器生产的规范。比如，其中讲到，可以作为弓干的木料共有七种。其中，柘干为最上等，其次是檍木，其次是檿木，其次是橘木，其次是木瓜木，其次是荆条，最差是竹子。二是青铜兵器制造范围和规模扩大，当时不仅周王室制造兵器，各诸侯国都大量制造兵器。三是兵器性能得到改进，品种增加。如戈的形制为长胡多穿，缚柲更加牢固；青铜剑长度增加，著名的越王勾践剑、吴王夫差剑，就是这时期的代表；青铜戟，发展到戈矛组装式，出现了效能更优越的多果戟；青铜弩大量装备部队，使远射兵器明显增强。四是以车兵为主的兵器组合更趋合理，使车战显示出更大威力。一辆战车配置的矛、戟、戈、殳等格斗兵器，长度不等，最长达到人身高三倍，便于距敌远近不等时选取。

战国时七国争雄，战争频繁，规模扩大。当时不仅战车大量增加，出现"千乘之国"、"万乘之君"，而且步骑兵先后出现，形成多兵种部队，促使作战方式发生了深刻变革。这种变革给兵器业的发展带来极大影响。一是各国普遍建立了兵器生产管理机构，生产规模日益扩大。对兵器生产，实行了监造制，并逐步发展完善。从生产过程的管理，到产成品的检验存贮，都建立了较严格的制度。二是青铜兵器制造技术臻于完善。除上述各项技术在此时期得到较普遍应用外，叠铸技术、铸后加工和热处理技术、金银错技术、鎏金技术等相继出现，这使得青铜兵器的形制更加合理，性能更加优良。如青铜铍得到广泛应用，使劈刺类兵器有所增加；戈，除锐锋增胡加穿外，胡上带刺、内上加刃的器形开始出现，使其战斗效能更强；青铜镞，由三棱锥式代替了过去的扁平双翼式，增强了穿透力。三是适于步战、骑战的兵器得到发展，以长柄为主的车战兵器渐居次要地位。

第二节
独具魅力的青铜艺术

造型艺术

兕觥、鹗卣和不同样式的鸟兽尊等青铜器,不但造型奇特生动,气势雄伟,而且装饰华丽,刻镂精工,反映了青铜器制作上的高超工艺水平。

湖南醴陵出土的商代铜象尊,器表碧绿,象体浑厚,四足粗壮如柱,象鼻为注酒口。全身满饰多种鸟兽装饰,以繁缛细密的云雷纹为衬托。湖南湘潭出土的商代铜猪尊,器表光亮,长72厘米、高40厘米,形体硕大圆肥,是一件大型盛酒器。猪呈站立状,四肢着地有力,颈前伸,头微翘,犬齿外露,双眼平视鼓突,双耳直立,颈背上鬃毛竖起。猪背上有一椭圆形口,上覆一盖,盖有鸟柱捉手。全身满饰花纹,猪面部饰深峻卷曲的兽面纹,腹、背与背上椭圆形盖饰鳞纹,前后肢与臀部饰倒悬的回首夔纹,并以云雷纹作衬托。河南安阳殷墟5号墓出土的商后期妇好鹗尊和司母辛觥,造型新颖,制作精美,在同类器中是罕见的。鹗作圆眼,垂喙,高冠,站立状。尾部也作为支撑的支点,显得特别平稳。鹗顶后部开口置盖,上铸浮雕的鸟与兽的装饰。鹗身后部有一兽头鋬,两侧饰以蜷曲的蟠蛇纹作鹗的羽翼。司母辛觥形体作有二角的兽形,与一般兕觥的形象有别,前足似兽足,后足似鸟足,且与腹后部的双羽和卷尾形成一个整体。这两件器物,古朴典雅,匀称和谐,

中国古代青铜器
ZHONG GUO GU DAI QING TONG QI

铜象尊

展现出艺术上的形式美。

师趛鬲与伯盂，形体硕大厚重，雄奇瑰丽，前者可称鬲王。师趛鬲高50.5厘米，口径47厘米，圆形，三袋足，二腹耳。颈前后中心部位各铸一浮雕兽头，兽头两侧均饰一对夔首鸟身纹。造型厚重，花纹华丽，反映了西周中叶青铜工艺的高度发展水平。

龙耳莲鹤铜壶是春秋青铜艺苑中的一枝奇葩，1923年于河南新郑出土。该器体现了灵巧多变、生动活泼的时代特征，形体巨大，可谓壶中之王。器高122厘米，宽54厘米。整体呈椭圆形，有盖。壶体四角饰相互纠结的夔龙纹，布局均衡对称。两侧面的腹部饰一对昂首垂尾的鸟，以圆雕细镂孔的回首二龙为器耳。器四角各铸一怪兽。环绕盖沿铸镂空莲花瓣两层，盖中心有一块与壶盖相吻合的铜板，板上铸一只双翼舒展、引颈欲鸣、姿态婀娜的仙鹤。两只作吐舌状的伏虎支撑壶体。龙耳莲鹤壶器展现了一种清新自然的艺术特征。这件伟大作品的出现，体现了春秋时代青铜艺术的创新。

20世纪70年代，河北平山战国中山王墓出土了许多精美的铜器，如15

连盏铜灯、错金银龙凤鹿纠结铜方案、错金银虎噬鹿器座等，均可谓青铜文物中的绝佳作品。15 连盏灯高 84.5 厘米，宽 47 厘米。全灯形如茂盛的大树，由长短不同的八节接插而成，计 15 个灯盘。镂空透雕的圆形灯座，由 3 只一首二身口衔环的虎承托。座上立有两个上身赤裸、下围短裙、手捧食物作向上抛食状的人像，树上群猴戏耍、雀鸟鸣叫。树干顶上蟠龙攀附，整体宛如一幅美丽的图画。此灯设计精巧，造型别致，生动有趣，引人入胜。错金银龙凤鹿纠结座铜方案，全身满饰金银错花纹。在圆形底座下，以四只挺胸昂首的卧鹿为足，座上有四龙四凤相盘绕，每一龙头上顶一斗拱形饰件，上承一方案。案面可能为漆木制品，可惜已朽。错金银虎噬鹿器座，虎体劲健有力，作半俯蹲状，双目圆睁，双耳直立，咬住作挣扎状的幼鹿。虎、鹿周身错以金银，黄白相间，熠熠闪光。在造型艺术上，艺术家将虎噬鹿这一景象表现得极为写实生动。

四羊方尊

从前文介绍已知，历年出土的编钟中，以 1978 年湖北随县战国曾侯乙大墓出土的为最佳。编钟分 3 层 8 组悬挂在曲尺形的钟架上，气势雄伟，总数为 65 件，总重量达到 2500 千克。横梁为黑漆彩绘长方木，两端有动物形象的青铜套。上层的立柱是圆木；中下两层的立柱，每层都有 3 个铜质佩剑武士，下层的铜人站立在圆形的铜雕龙座上，铜人用头和双手承顶着横梁架。这套编钟是世界上迄今发现的最雄伟、最庞大的古代乐器，被誉为古代世界的"第八大奇迹"。

装饰艺术

中国古代青铜器上常有平雕、浮雕和圆雕的图案和装饰,这些图案和装饰,有着不同的特征和风格,反映了不同时代的习俗、风尚和对美的追求。

故宫博物院藏商代九象尊,器作圆形,用简洁工细的线条在尊腹上勾勒出九只象。象体敦实,长鼻上卷,双目圆睁,象牙与象耳清晰可辨,形象逼真生动,有着高超的艺术感染力。

中国国家博物馆的四羊方尊,堪称尊中精华。全器除饰有蕉叶夔纹、兽面纹、云雷纹以及肩部浮雕的四龙外,引人注目的是,在肩四角上都铸有一只卷角羊。龙头和羊角虽是采用了分铸法,但全器浑然一体。花纹装饰古朴典雅,繁复细腻,不失为商代青铜装饰艺术中的佼佼者。

以凤鸟作装饰的商周青铜器数量很多。有的鸟纹图案作长尾高冠式,体态丰满优美,这是古代传说中凤的形象,现在习惯将这种形象的鸟纹图案称作"凤鸟纹"。东汉许慎在《说文解字》里对凤是这样解释的:"凤,神鸟也,出于东方君子之国,翱翔四海之外……见则天下大安宁。"

青铜器上的鸟纹图案主要见于殷商后期和西周,这时的鸟纹图案多彩多姿。大体说来,商代的鸟纹以对称的直立和倒立的小型鸟纹为主,素朴简洁,灵秀典雅,一般作主题花纹的陪衬。河南安阳妇好墓出土的青铜器妇好偶方彝、妇好方鼎上,都可以见到小鸟的纹样。西周鸟纹常常作为主题花纹,装饰在器物的主要部位上。西周时期新创造的大鸟纹,高冠长尾,异常丰满华丽,装饰上与器物统一和谐,增强了器物的优美感。1976年,陕西扶风庄白出土的丰尊和丰卣上的大鸟纹图案,优美典雅。这时还有一种鸟身短而尾羽长、整体修长的鸟纹,可称长尾鸟纹,姿态美丽动人,有着极高的美学价值。

鸟纹在商周以后的铜器上余韵不衰。1950年洛阳西工出土的一对秦代壶,器身饰有用细线条勾出简单轮廓的不同形象的鸟纹,其中翘尾欲飞的鸟表现出动作的瞬间,别具情趣。

第三章 独领风骚的青铜器工艺

北京故宫博物院收藏的战国时代的龟鱼蟠螭纹长方盘，通体满布精细华丽的纹饰。盘内底装饰着浮雕的龟、鱼、蛙等动物图案，用浮雕的螭相互纠结，形成水波流动状态，内底四沿12只由水中跳至岸上的圆雕青蛙与水中的动物形成了一幅情趣盎然的写实图案。盘外器腹上饰有多种几何形纹饰与浮雕的兽，其中最引人注目的是，左右两侧各有一侧卧羊，羊首伸向一独角兽怀里，独角兽前爪捧着胀大的乳房作哺乳状，情态生动。

东周的青铜器如壶、豆、鉴等器物上，常常刻出浅凹的大幅平雕图案，这些图案的内容往往反映了贵族的礼仪。闻名于世的宴乐采桑渔猎攻战纹壶就是这方面的一件典型作品，壶作圆形，器身满饰线刻图像，以斜角云纹为界，将画面分为三层，每层又有两种图案。第一层为竞射图和采桑图，像竞射表现的人物均在持箭射靶，可能是礼书上所说的"射礼"，采桑图表现妇女正在采桑，可能是诸侯后妃所行的采桑之礼，第二层为宴乐武舞和弋射图像，前者表现贵族宴乐，有敲击钟、磬和鼓的场面和"干戚之舞"，狩猎场面很可能是文献记载称为"大蒐礼"的军事演习；第三层为陆上和水上的攻战图像，陆战图表现了架云梯登城的场面。采桑宴乐渔猎攻战图纹有着很高的历史价值和艺术欣赏性。

我国古代青铜器上的龙的装饰丰富多彩，无论是平雕，还是浮雕、圆雕的龙，常因器物时代和器种的不同，风格与特征亦迥然有别。从出土或传世的青铜器看，以龙作青铜器上的装饰最早见于商代。有的圆盘内底上常饰卷曲的龙，龙身布满盘底，龙首突出而鲜明，圆眼，二角，常身饰菱形鳞纹。有的同时还饰鱼纹与鸟纹，更显华美富丽。青铜兵器也有以龙作装饰的，陕西城固出土的透雕龙纹钺，钺中心圆形镂孔中透雕出一

三星堆青铜立人像

只张口露牙、一角、卷尾的站立龙，设计巧妙。西周青铜器龙纹的形式与结构有了很大变化。辽宁喀左和四川彭县出土的龙纹罍，隆起的盖上铸龙，龙首与前半身翘出盖表。这种平雕与高浮雕相结合的形式，更突出了龙的艺术效果，是一种创新。闻名于世的西周重器颂壶，腹部有相互纠结的无角龙纹。陕西扶风齐家村出土的它盉，以回首龙作鋬，以长颈张口的龙作流，二龙前后呼应，独具匠心。河北平山战国中山王墓出土的错金银龙凤纠结座铜方案，圆形底座上有四龙四凤相缠绕，龙伸颈昂首，一龙头顶一斗拱饰件。此器有着极高的艺术价值。东周青铜器采用浮雕式的龙，增强了整体的装饰气氛，寓优美富丽于神秘威严之中。

贵州威宁中水出土的西汉牛首形、飞鸟形、鲵鱼形、虎形等独特的动物状带钩，制作灵巧，形象写实，惟妙惟肖。体粗肥、大头、尾细长的鲵鱼，形象逼真，完全写实，造就了一件带钩的珍品。这些轻便灵巧的带钩既可实用，又是一种艺术品。据相关人员推测这些动物状带钩应是古夜郎国所造。

1986年，四川广汉三星堆商代祭祀坑出土的青铜立人像，人体修长，隆鼻、大眼、宽嘴、方颐大耳，头戴高冠，身穿燕尾服，立在方形台座上。该像庄重威严，实感性强，是先秦第一铜质圆雕像。

知识链接

战国青铜联禁大壶

联禁大壶于1978年在湖北省随州市曾侯乙墓出土，禁高13.2厘米、长117.5厘米、宽53.4厘米、厚3.1～3.6厘米、重35.2千克。壶通高99厘米，铜质。禁面为长方形，有两个并列的凹圈以承放方壶。中间和四角

第三章 独领风骚的青铜器工艺

有方形、曲尺形凸起装饰。禁的两长边有对称的四兽为足，兽的口部和前足衔托禁板，后足蹬地。禁面和侧面均有纹饰，方形和曲尺形凸起部位为浮雕的蟠螭纹，其他部分则为平雕的多体蟠螭纹。出土时两壶置于铜禁上，壶的形制、大小相同，敞口，厚方唇，长颈，圆鼓腹，圈足，壶盖顶有一衔环的蛇形纽，壶颈两侧攀附两条屈拱的龙形耳，腹部的凸棱将腹面分为8个规则的方块，每块内浮雕蟠螭纹。此器现藏湖北省博物馆。

金文书法艺术

文字的发明是人类步入文明时代的重要标志之一，中华民族是世界上创造文字最早的民族之一。新石器时代的仰韶文化、大汶口文化、龙山文化的陶器上，已经有了刻划符号，这些符号或简单或复杂，但从总体上看，反映了汉字萌芽阶段的多层次的表象，有的符号已近于文字或者就是文字。

商周时代的文字见于甲骨文和金文。甲骨文是刻在龟甲、兽骨上的文字，金文则是铸或刻在青铜器上的文字。

金文的字体构造，完全符合"六书"即象形、指示、会意、形声、转注、假借。象形字是用线条画出物体的一部或全部形象，如：D（月）、𠂉（人）；指示字是用一两个抽象符号，或在象形字上再加上抽象符号，指出事物的形态，如：𠄞（上）、朩（本）；会意字是由两个或两个以上的象形字组成，以示人或物的形态及动作，如：卲（即）、从（从）；形声字是用形符和声符两部分组成的字，形符表字义，声符表字音，如：祀（祀）、盂（盂）；假借字是声音相同或相近的字，可以相互借用，如：有＝友，凤＝风。转注字是意义相同，可以相互为用的字，如：昭＝明，细＝小。金文字体初

91

为大篆。许慎在《说文解字序》中说："周宣王太史籀著大篆十五篇，与古文或异。"两周金文，即籀书。秦代则演变为小篆。秦汉铜器铭文，其字体多为小篆或更简化。

金文的出现约在殷商前期，最初字体稚朴古拙，内容属于族徽，兼有符号性质。

文化的发展有其继承性和连续性。殷商后期的金文，除有古朴自然的图形文字外，也出现了长达四五十字的铭文，如四祀邲其卣铭文 42 字，戍嗣子鼎铭文 30 字。这时金文书体遒劲有力，宏放恣肆，常作首尾尖、中间粗的"波磔体"。"司母辛"鼎上的铭文字体，凝重有力，不失为商代后期金文的代表作品之一。又如邲其所作三件铜卣，书体秀丽古朴。安阳后岗出土的戍嗣子鼎铭，笔势优美洒脱，遒劲有力。宰甫卣铭，特别注意到金文章法的排列，行款整齐。

利簋字体沿袭商后期的波磔体，雄伟有力。大盂鼎腹内壁铸铭 291 字，

青铜器上的金文

字体凝重苍劲，雄浑壮丽，字字规整，无丝毫苟且作风，不但是西周前期金文的典型作品，而且也是金文中的作表作品之一。值得一提的是，清道光年间（1821～1850年）陕西宝鸡出土、现收藏在国家博物馆的虢季子白盘，盘内底有金文111字，字体圆润灵秀，亮丽优美，已显出小篆韵味，开辟了大篆向小篆发展演变的先河。更值得一提的是，该铭文有韵，读起来朗朗上口，铿锵有力。与虢盘接近的书体是师虎簋铭文，显得清秀柔和。

西周后期金文的书法趋于严谨精致，字的竖笔常呈上下等粗的柱状，称为"玉柱体"。为了使每字大小均匀和横行、竖行整齐，有的还采用方格，再在方格内填字。周厉王㝬簋铭就具有玉柱体风格。1978年，陕西扶风出土的兴钟则将铭文填在网格内，铭文整齐均匀，每个字也清晰鲜明。还应提到的是，现收存在台湾的西周后期的矢人盘，盘内金文375字，其字体方正有力，

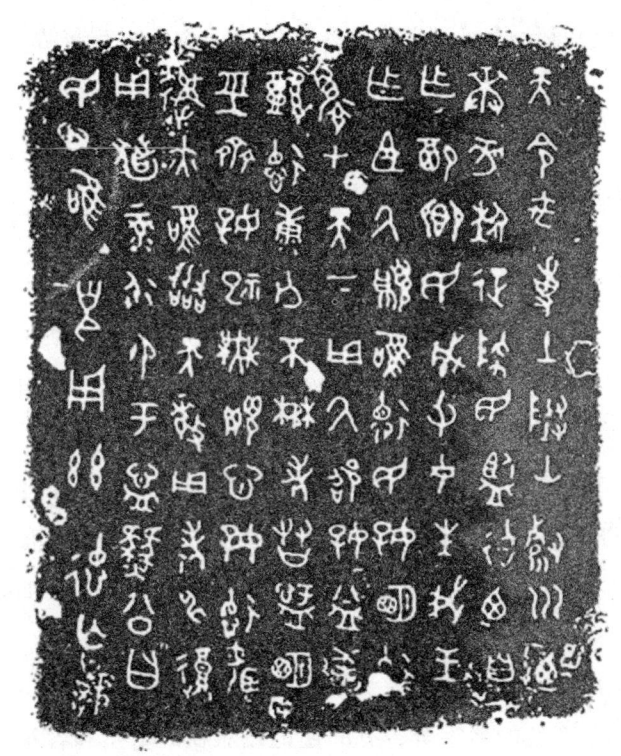

青铜器上的错金铭文

独具特色，为书家所重视。

东周（春秋、战国）时代金文书法艺术丰富多彩，变化多端。商周时代以王室王臣铸器为主，而进入东周以后则各个诸侯国普遍铸造青铜器，不仅晋、齐、秦、楚、吴、越等大国铸器，即使一些小国如纪、黄、邓等国也在铸造。各诸侯国文化共性虽是重要的，但在金文书法艺术上反映了各自的特点。有作瘦体的，如河南淅川出土的王子午鼎铭、安徽寿县出土的吴王光鉴铭。这种瘦体书法，除笔画较细外，其主要特征是每字结体修长，长度大于宽度，铭文整体清秀旖旎。有作肥体的，如山东黄县出土的巽伯盨铭。这些肥体字更显苍劲有力。有的还特意模仿商周时代的波磔体，在求工的基础上，加强字体的装饰性和风采，如武汉市文物商店近年收藏的蔡太史钾的铭文、山东出土的陈侯方壶的铭文等，但它们较真正的商周波磔体要滞涩多了。据学者研究，秦公簋铭已用活字模型，字体大而方正，有着浓郁的大篆风格。在晋国铜器中，如传世品中的智君子鉴、少虞剑的铭文，还出现了称为"蝌蚪"的字体，这种字细分析实际上是波磔体的一种变化，是将笔画的首尾尖变成仅一头尖，因而形似"蝌蚪"。

最具有艺术趣味的书体是江淮一带的鸟虫书，主要流行在吴、越、蔡、楚、徐等国。鸟虫书的特点是，把文字图绘成盘旋曲折的鸟虫形，实际上就是一种美术字，大多装饰在锋利精美的武器如剑、戈上。湖北江陵出土的越王勾践剑，剑身靠近剑格处有"越王鸠（勾）浅（践）自作用剑"八字鸟篆铭文。字体精致典雅，优美玲珑，是鸟虫书中的代表作品。

春秋时，由于在青铜制作工艺方面的错金术的发展，在容器和兵器上常见错金书。1980年，湖北江陵马山出土的吴王夫差矛上，就有富丽灵秀的错金铭文。青铜器上的错金字增强了文字的瑰丽感，使文字更加熠熠夺目，亮丽鲜明。

战国金文内容一般较为简略，常在容器和武器上"物勒工名"，记铸造机构、职官名和生产者的名字等，有的还记载器物的重量和容量。一般书体显得瘦硬呆板，字结构常简省。战国时代铜器上的长篇铭文不多，而1974年河

第三章 独领风骚的青铜器工艺

北平山战国中山王墓出土器物,不但铭文长,有几百字的金文,在书法上还有所创新。中山王鼎469字,中山王壶450字。器物铭文布满器身,文字排列均匀整齐,刀法娴熟。从书体特点看,每字竖笔常常引长下垂,尾端尖锐,其书体与魏晋印章和魏正始石经上的称作"悬针篆"的书法相似,应是悬针篆书法的先声。中山王器铭文书法是先秦书法艺苑中的瑰宝之一。

秦汉时代的金文书体,大多为小篆和隶书,特色不多。

综上所述,古代青铜艺术具有造型、装饰、书法等多方面的审美价值,给我们以艺术美的永恒享受。

知识链接

铜镜的保护与收藏

文物损坏的原因除文物本身结构的不稳定以外,还有自然和人为两方面的因素。相对于铜镜而言,主要是指物理、化学、生物等自然因素的影响。古铜镜,尤其是考古发掘出土的青铜镜,由于长期埋藏在地下,受土壤中或大气中的氯化物影响,会起化学反应而形成一种有害锈,其成分为氯化亚铜,它是潜伏于青铜类器物上的主要隐患。还有另一种有害的青铜锈,即碱式氯化铜,像绿色粉末,俗称"青铜病",又叫"粉状锈"。这种有害锈会使器物溃烂或穿孔,直至彻底瓦解,并且它还能像瘟疫一样传染和蔓延,危及其他青铜类文物。

古代青铜器的锈层极其复杂,层次很多,并不是所有的铜锈都有害。

如碱式碳酸铜是青铜锈中最稳定的，氧化锡的锈膜夹杂铜盐，形成绿色或淡蓝绿色，它们不仅保护了青铜器免遭进一步的腐蚀，而且增添了青铜器的古雅色调；所谓的"红斑绿锈"已成为收藏家们欣赏和搜求的对象。

对于铜镜，除了有害锈之外，那些掩盖了纹饰或铭文的锈层也是要除去的。去锈的方法主要有机械去锈法、还原去锈法、化学试剂去锈法。无论是经过去锈处理的，还是未经过去锈处理的，都应当对到手的器物及时地采取有效的稳定技术措施。有关去锈及封护的物理及化学方法，在不同的文物保护方面的书籍中都可以查到，如由国家文物局组织专家编写的《博物馆藏品保管工作手册》。

由于收藏到手的各类铜镜状态不同，或完美无缺，或支离破碎，要使残破缺损或变形的铜镜恢复原状，便要运用传统工艺及手工的操作。通过整形、补配缺块、焊接、除锈、作旧等工艺，达到其最佳的存在状态。

特别需要注意的是，在处理铜镜之前，应对铜镜的锈蚀层进行一系列的检测。一般的藏家可通过目测，分辨出有害锈与无害锈，有条件的藏家还要检查金属及其锈蚀产物的化学成分和结构、锈蚀程度，及应用X射线透视技术弄清器物的内部结构，这些都是对铜镜进行保护技术处理的重要依据。

因此，对铜镜进行处理，主要是对那些产生腐蚀、破坏作用的有害锈及覆盖了铜镜原有的纹饰、镶嵌及铭文的锈蚀层设法去除，并采取有效的保护技术措施进行综合处理。处理后的铜镜应存放在适宜的温度湿度环境下保存，相对湿度最好能在50%以下，当然，相对于纸质类文物，铜镜并不"娇气"。一般而言，在干燥的条件下保管总比在潮湿的情况下保管要好。铜镜的成分较稳定，但是处理后的铜镜并非万事大吉，应经常对所收藏的铜镜进行观察，一旦发现有青铜病症状发生，就应及时处理。

第四章

举世无双的青铜器纹饰和铭文

　　青铜器的纹饰和铭文反映着一定时代、一定阶级的意识形态，它的装饰艺术和器物造型是统一的、协调的。另外，青铜器的纹饰和铭文会有一定的发展变化，因而它与器的形制、工艺等一样，是人们进行青铜器断代的重要依据之一。

第一节
美轮美奂的青铜器纹饰

动物纹

动物纹是最常见的装饰纹样，动物纹有饕餮纹（或称兽面纹）、龙纹、蛇纹、鸟纹等。其中有些动物是实际存在的，有些动物是神话故事中虚构的。

饕餮纹

在青铜器的各种纹饰中，最有特色的是饕餮纹，也就是现在人们习惯称呼的兽面纹。这是一些由夸张与幻想相结合的动物正面的形象，其特征多为巨睛咧口，口中有獠牙，额上有立耳或大犄角。在古代的文字记录中，饕餮是被尧流放的四凶之一，它贪食、强横。而流放的目的在于以凶御凶，让这四凶去抵御螭魅之灾。历代相传，人们把饕餮幻想为睁着眼、张着嘴的凶物，从此，它就以此种面貌出现。铜器上，特别是礼器上多饰饕餮纹，想来一是为祭祀鬼神，二来也有求佑与去邪的双重愿望。

饕餮纹在我国早期青铜器纹饰中占有非常重要的地位，是一种很常见的纹饰。而且，举凡作为礼仪之用的铜器，几乎都采用饕餮纹。有些国外研究家甚至把我国早期铜器时代定名为饕餮时代，认为我国早期铜器的时代是"饕餮纹为象征，以鬼神为先，以人文为后的神圣王国时代"。可见饕餮纹在

第四章 举世无双的青铜器纹饰和铭文

当时的意义之重大，它绝不是随意点缀，而是有关政教的标志，甚至有着图腾的意味。

饕餮纹取材于虫、鱼、鸟、兽等各种现实动物，选择它们特殊性能的部分拼凑在一起，使其浑然一体，塑造成一个抵御山川妖怪的鬼神形象。比如一个混合体的饕餮纹，可以有虎的头、象的耳、牛的目、鸟的爪羽、鱼的鳍、蛇的身。因为商周人不善幻想，这些拼凑都是写实的，但写实中又都经过了变化，有强调、夸张、简化，体现出人们精巧的构思。

商代饕餮纹青铜彝

在这些拼凑中，饕餮纹是以颜面为主纹的，简单的也仅有颜面，左右相对称之足、身、尾为副纹，雷纹为地纹。完备的主纹是由冠、鼻、目、眉、角、耳、口等组成；不完备的，则或缺一二，但目纹却是必备的，无论怎样简化、变形、分解，都绝少不了那一对瞪视的眼睛。其中，冠饰代表尊贵，角代表武力，目代表光芒和警惕，耳代表聆听，鼻代表辨别，牙代表攫取和凶恶，眉代表威武，足代表操纵，羽毛代表高飞，鳍代表下潜，身躯代表活跃。另外，它的纹饰是以菱形额纹为中心，十字形为主干，身躯或为直线，或为曲线，配置对称，神态庄严。

饕餮纹这个题材都是简单的，但在人们匠心独运的构思中却变化多端，本是单纯的写实型，却演变为原始饕餮、粗壮饕餮、简略饕餮、变形饕餮、龙化饕餮、分解饕餮等等，且各具有不同的风格。

总之，饕餮纹的材料虽多，安排却妥帖适当，毫不勉强；内容涵义复杂，代表一种超越神的境界；结构庞大，轮廓协调，风格生动，达到了图案的最高准则。因此，它在中国装饰艺术上也占有极其重要的地位。

龙纹

龙是中国封建帝王的象征，被中国各朝奉为圣物。它是一种想象的神物，在先民们的构想中是由虫、鱼、鸟、兽，甚至人的局部状态来组合成的。它具有跨越时空的独特精神气质，充满了神秘、深沉、尊严和荣耀感。

我国古代青铜器上的龙纹装饰，丰富多彩。无论是平雕的，还是浮雕、半浮雕的龙，常因器物时代的不同、器物种类的不同，而形成迥然不同的风格与特征。

商末周初的一些蟠龙盘上的蟠龙纹，是以蟠蛇作身，加上一个龙首的饕餮纹，在有限的圆盘内重复旋转，这是龙的原始静态式。故宫博物院收藏的一件圆形盘，内壁除饰有龙纹外，还饰有鱼纹和鸟纹，更显华美富丽。商代青铜器上的龙纹，多饰在盘、尊、觚和个别兵器上。纹饰布局主要有两种形式，一是以一条蟠龙为主，布满整个器物；二是龙与其他某种纹饰间隔排列，形成反复交替的式样。

西周时期，青铜器上的龙饰不但有平雕的，而且出现了半浮雕和浮雕的。龙纹的形式与结构也有了很大变化，这时的青铜器上常有一首二身的龙纹，龙首在颈的中心部位，作为半凸起状，龙身向侧或直线、或波形的伸出，别具一格。此期也常在器盖上饰以各种变异的龙纹，效果很好。颂壶腹部有相互纠结的无角龙纹，盂则以一回首龙作鋬，以一长颈张口的龙作流，二龙前后呼应，独具匠心。

春秋时期，龙纹有了很大的变化，由商周的单纯、庄重、镇静而演进为繁复、精巧、活跃。这种变革是渐进的，而且列国龙纹虽有少许地方色彩，但基本上是一脉相承

蟠龙纹铜壶邮票

第四章 举世无双的青铜器纹饰和铭文

的。这时的龙纹，灵活、蜿蜒、多样，非常生动。新郑铜器中的莲鹤方壶上，一双浮雕镂孔的龙形大耳非常引人注目，故宫博物院收藏的莲瓣饰两龙耳毁双耳作成二蛟龙，吐舌、角后耸，生动自然，扣人心弦。

战国时期，被一些外国人称为是"创造天才的复苏"时期，此时的龙饰像一个舞者，充满运动感，任意跳跃，淋漓而纵横。当然，在前期，龙纹仍是沿袭春秋，有的予以简化，有的使之繁杂，甚至保留有商周时饕餮纹的余韵。但到了后期，则有了很大的变化，除了一部分写实的纹饰外，几乎完全风格化了。这时的龙纹有由垂直线与倾斜线相交组成的变形式，这种变形不仅鸟兽难分，而且云、龙不分；有山形纹重叠的菱形纹；有藻纹与钩连纹；有涡龙纹与轻云舒卷纹。战国中山国王䜮墓出土的错金银龙凤鹿纠结坐铜方案，就很有代表性，在这里，鸟兽相互纠绕，充满动律感，龙的铸造也非常生动，伸颈昂首，每一龙头顶一斗拱形饰件，上承方案。

秦汉及其以后的龙纹装饰更是司空见惯了，而且大多活灵活现，异彩纷呈。

凤鸟纹

青铜器上的图案和浮雕、半浮雕的装饰中，凤鸟纹为主题的占有很大比重。这种写实风格的纹饰，表现了大自然的勃勃生机。

青铜器上凤鸟纹的出现与图腾崇拜有关。商代青铜器上鸟纹装饰很多，这表明商人信仰鸟图腾。传说商祖先叫契，其母简狄，因吞食一只燕卵而生了契，这就是《诗经·商颂玄鸟》中"天命玄鸟（燕子），降而生商"的故事。西周铜器上也有鸟纹装饰，而周人也与鸟有着千丝万缕的关系。传说周族的祖先后稷，名弃，其母姜嫄因到野外踩到一只大脚印而产生感应，生下了弃，人们认为不祥，就将他扔到小路上，准备让牛、马踩死他，但牛、马却纷纷绕道而行；想扔到林里，但行人渐多，不便行事；最后扔到冰上，却飞来一群鸟用羽翼呵护他。于是，姜嫄又将他抱回抚养。弃长大后做了农官，教民耕种。因此西周时的鸟纹可能与人们感念神鸟有关。

商周鸟纹图案多彩多姿。商代鸟纹以对称的直立或倒立的小型鸟纹为主，素朴简洁，灵秀典雅，一般为主题花纹的陪衬。商末至西周时代，工匠们刻意求变，鸟纹常被作为器物上的主题花纹，装饰在器物的主要部位上。有新创造的大鸟纹，高冠长尾，异常丰满华丽，这种形象的鸟纹图案，人们称为"凤鸟纹"。还有一种鸟身短而尾羽长，可称长尾鸟纹，姿态迤逦，令人如醉如痴。

宋兽面凤鸟纹铜罍

鸟纹在商周以后的铜器上，余韵始终不衰，人们认为凤鸟的出现和凤鸟的鸣声是一种吉兆。《诗经》中就有"凤凰于飞，翙翙其羽，亦傅于天"。"凤凰鸣矣，于彼高岗。梧桐生矣，于彼朝朝"的动人诗句。1950年出土的一对秦壶，器身饰有用细线条勾出的轮廓简单、形象各异的鸟纹，有前视、翘尾欲飞的；有背上扬起一翼，回首顾盼的；有欲卧或半起的，生动活泼，意趣横生。各代铜镜也常饰有鸟纹，有的鸟喙还衔绶带或花枝，充满美感。

蛇纹

蛇纹是青铜器中较为常见的主题纹饰之一。可分两类，一类为独体蛇纹，双眼突出，蛇身粗犷，身上有鳞，尾部上卷，头尾相接组成带状，见于商代晚期至西周初。另一类是由两条或两条以上小蛇相互蟠绕，构成一个纹饰单元，布满全器表，通常称为"蟠虺纹"，流行于春秋中晚期至战国早期。

除此之外，还有象纹、虎纹、犀纹、鹿纹、龟纹、鱼纹、蝉纹等动物纹饰。

春秋青铜器蛇纹尊

第四章 举世无双的青铜器纹饰和铭文

知识链接

河南洛阳金村战国青铜器

有人说，金村是一座建在"金銮殿"上的村子，这话一点不假。自周平王东迁洛阳之后，历代的周天子和身份显赫的贵族都葬在这里。东周王陵分为周山、王城和金村三大陵区，其中尤以金村发现的8座大墓，数千件精美的铜器、玉器而闻名世界。

金村大墓的发现还得从20世纪二三十年代村里接连发生的怪事说起。金村离洛阳白马寺不远，这里土地肥沃，水源充沛。然而，让村民们无法理解的是，有些井明明水源充足，却会在一夜之间干涸；有些井水匮乏的井，又在一夜之间满溢起来；除此而外，在雷电交加的夜晚，大地有时也会传来隆隆的轰鸣声。这些难解之谜终于在1928年的一天解开了，由于洛阳一带连降大雨，金村东面的一处农田突然塌陷，露出一个大坑。村民在这个坑里发现了被泥水包裹的编钟。原来，这里是一处古墓群，坑洞相连，井水常常会渗入墓中。而大地的轰鸣声则是雷声震动的频率与编钟的频率相同时，地下钟鼓齐鸣发出的声响。谜底揭开了，金村古墓的厄运也随之而来。

古墓中的奇珍异宝刺激着村民们那跳动的神经，也吸引来一大群眼红的古董商。这其中就包括那些以传教为名、在河南一带大肆搜刮古物倒卖海外的外国奸商。在内外利益的共同驱使下，金村古墓一挖就是6年，盗掘的"甲"字形大墓就有8座，出土文物数千件。据不完全统计，金村大墓被盗的文物流散于欧、美、日等十多个国家。金村古墓已经成为那个时代记忆中永久的伤痛。

人物画像图案

人物画像图案在青铜器上较为少见。商代和西周时期有时是以人面的形象出现，但更多是以简洁的人形被绘制于器物上，而且往往是与动物共同出现，作为动物吞噬的对象，显得神秘恐怖。到了春秋战国时期，人物故事画和动作画在青铜器上常常出现，有宴饮、战争、乐舞、射箭、采桑、狩猎等图案，风格清新，生动活泼。

几何形纹

几何形纹是由几何形的图案组成的有规律的纹饰，纯属形式上的变化和结构上的美感。这种纹饰在原始社会的彩陶上早已出现。青铜器上的几何纹饰形式较多，大致有云雷纹、弦纹、乳丁纹、勾连雷纹、涡纹、四瓣花纹、绳纹、圈带纹、重环纹等。

几何形纹是青铜器上一种最常见的典型纹饰，基本特征是以连续回旋形线条构成的几何图形。有的作圆形连续构图，也单称为云纹；有的作方折连续构

饕餮纹鬲鼎

图，也单称为雷纹。云雷纹变化形式很多，例如有的呈"S"形，有的呈"T"形，有的呈三角形等。云雷纹常装饰在空白处，作为底纹，用以烘托主题纹饰，也有单独出现在器物颈部或足部的。也有的在云雷纹中间有目形，一般常称为目雷纹。

弦纹

弦纹青铜器上最简单的纹饰之一，纹形为凸起的横线，1～3道不等。有时单独出现，有时作为其他复杂花纹的衬托。另有作人字形的弦纹，称为人字纹或人字弦纹，多饰在分裆鬲上。

乳丁纹

一般纹形为凸起的乳突，排成单行或方阵。另有一种，乳丁各置于斜方格中，以雷纹填底，称为斜方格乳丁纹。钟上一种螺旋形的枚也与乳丁相似。乳丁纹有的作为器物的主要纹饰，布满器物全身，如常见的乳丁纹簋。也有的作为器物的一种辅助纹饰。

勾连雷纹

此纹饰是青铜器花纹中较简略的一种图案，流行于商、西周时代，但战国时期再度流行。此图案由近似"T"形互相勾连的线条组成，里面填以方折的云雷纹。如商代的酗亚方鼎器身上就饰有此种装饰。

涡纹

涡纹是一种近似水涡的几何图案。图案中间的小圆圈似水隆起状，图形旁边的五条半圆形曲线，似水涡激起状。对涡纹的叫法，目前又有些新发明，有人根据《周礼》"火以圜"的说法，认为从图形看，应称火纹。也有的人从文字学的角度进行考察，认为涡纹应称为"囦"纹。

四瓣花纹

四瓣花纹的基本构图是，中心为方形的"丁"形，周边伸出四个花瓣。

铜镜上常在方形纽座四角各出一花瓣,有的还在其上连一花瓣。有的铜镜在圆形纽座上均匀伸出五个花瓣,似一朵梅花,自然优美。北京故宫博物院藏有一件蟠螭纹镂空饰件,中心由四瓣花瓣组成花朵,极富情趣。以往常将四瓣花纹归在圆涡纹一类内,因为两者只是在表现形式上有别。四瓣花纹主要流行于战国时期。最新资料证明,商代已有四瓣花纹出现。

窃曲纹

《吕氏春秋·适威》记载:"周鼎有窃曲(一作穷曲),状甚长,上下皆曲,以见极之败也。"窃曲纹的基本特点是由两端回钩或"S"形的线条组成扁长图案,中间常填以目形纹。

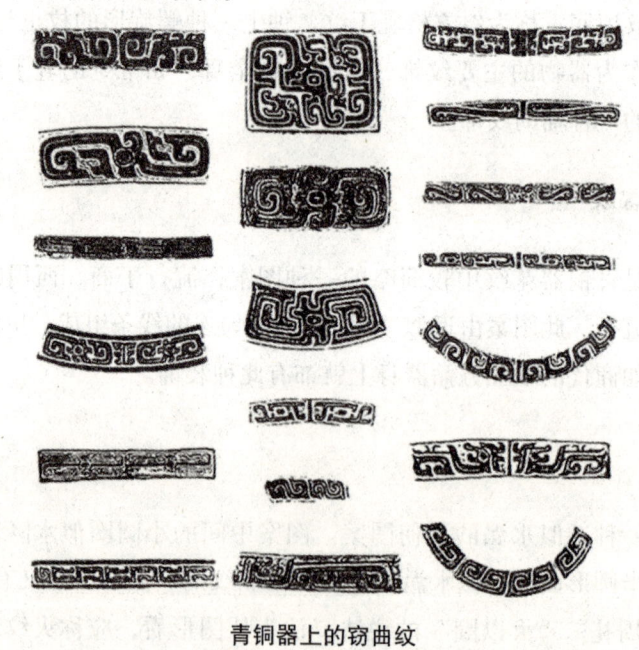

青铜器上的窃曲纹

绳纹

绳纹又称绚纹。由两条、四条或更多的波线纹交错纽结成绳索纹。绳纹常作为器物外表多层图案的界带，也有的作为圈足和盖沿等部位的装饰。有的器物提梁，如铜卣的梁做成绳索状，也有的器物双耳做成绳索状。绳纹主要流行于战国时期。

圈带纹

圈带纹又称为圆圈纹。纹样为排列成带的圆圈，圆圈中有的有一小点，有的没有点。多饰在器物的肩上或器盖的边缘等部位，或作为兽面纹等花纹的边饰。

重环纹

重环纹又称方形纹。其基本特征是一长方形的环，一端为半圆形，一端为内凹出角，整体略呈椭圆形，环有一重、两重、三重三种形式。重环纹作为铜器上的装饰图案，是由多个重环组成环带，除单独以一重环纹带装饰在器物上外，也常配饰在其他种纹饰内。

环带纹

环带纹的形状像一条抖起的带子，呈波浪起伏状，因而又称波浪纹。在环带的上下凹里，常填以眉形及口形纹样。在铜器上表现的形式是依照一定的距离连续组成环带纹组。环带纹常饰在鼎、壶等器物的明显部位上。

鳞纹

形状似鱼鳞，又称鱼鳞纹。其饰在器物上时，常是上下几层重叠出现。常饰在簠、镈等器身上。鳞纹主要流行于西周后期。

瓦纹

瓦纹由平行的凹槽组成，形成一排排仰瓦。有的研究者也称其为沟纹，常饰在器物的腹与颈上。过去一般认为瓦纹始于西周中期，由于商代九象尊瓦纹装饰的发现，这种纹饰的初始时间大大提前了。

知识链接

古铜器的日常保护

由于铜是化学性质不活泼的金属，故在一般情况下铜器是易于保存的。但古铜器就不同，因为被锈蚀过，所以要特别小心。金属的腐蚀有化学锈蚀和电化锈蚀两种，其中，电化锈蚀的速度相当快，起初在一个部位，很快就会扩大到全器。绿色的铜锈通常是铜的碱式盐，如碱式氯化铜、碱式碳酸铜等。红色的锈斑都是来自土壤中的铁盐。其中，碱式氯化铜对铜器的杀伤力最大。

古铜器表面有污垢或油迹，可以用蒸馏水和肥皂进行清洗，但绝对不可使用自来水。因为自来水中都含有微量的氯气，氯气是一种比较强的氧化剂，具有消毒作用，但也会对铜器藏品造成一定的伤害，所以只能用蒸馏水或纯净水。

另外，铜器藏品上还经常会有一些不易拭去的污物，可用刮磨的方法，但千万不要损伤到铜器藏品上的铭文和纹饰。

日常保护主要是防止微生物和氧化物的污染。因为空气中含有大量的灰尘，也含有酸性气体，在潮湿的环境下会腐蚀金属。可以在清洁干燥的铜器上打蜡，使之隔绝空气，有利于铜器的保存。但打蜡要选用石蜡。

第二节
独具特色的青铜器铭文

商代青铜器铭文

　　青铜器上铸或刻的字，现在一般称为青铜器铭文，也习称为"金文"或"钟鼎文"。商代后期的青铜器已常见有铸铭，这显然与殷商前期截然不同。这时铜器铭文较多出现，其意义是不可轻估的，因为我们今天要研究和了解商代历史如果单纯从《史记·殷本纪》、《尚书·盘庚》等很少的文献材料入手，那太难了。众所周知，20世纪以来，安阳殷墟甲骨文的发现对商史研究具有划时代的意义。商代铜器铭文从总体上说，就其数量多寡与内容丰富情况看，虽然比不上甲骨文，但它对揭示商代历史也是难得的重要资料，可以与文献和甲骨文相互补充和印证。例如：1976年，殷墟5号墓出土的铜器上面许多都有"妇好"名，在甲骨文中也有"妇好"名，经相互对照勘比，表明5号墓妇好，即是商王武丁的配偶。王国维先生很早以前就提出研究古史的"二重证据法"，即用地下发现的材料来印证和补充文献资料的不足，以及纠正文献上记载的失误，由于古文献年代久远，屡经传抄刊刻，不可避免有错误，而地下发现的材料一般则没有这方面的问题，因而可以起到校正古书的作用。铜器铭文也是研究汉字发展演变和书法艺术的重要资料。

　　铜器种类丰富而复杂，商代铭文在器物上的部位，由于器种的不同而不尽相同。例如，鼎、簋铭文位置常常在器内底或内壁，有的簋盖内也有，与器内底为对铭；鬲铭在口沿内壁，甗铭在甑的内壁，豆铭在器内底，爵、斝、封口盉铭常在鋬内，觚铭在圈足内，觯铭在器内底或盖内，尊、罍铭在圈足内、盖内、器口内或腹内壁，瓿铭在器内底，卣铭在内底、盖内或圈足内，方彝铭常在器内底，兕觥铭在盖内，铙铭在口缘内，戈铭在内上，矛铭在骹上，等等。

青铜器铭文

殷商后期，铜器铭文字数一般是一个字、两三字、十几字、几十字不等。一个字的多为族氏名，即族徽，长的如二祀邲其卣铭 39 字；四祀邲其卣铭 42 字；六祀邲其卣铭 27 字；河南安阳圆形葬坑出土的戍嗣子鼎铭 30 字；今藏于美国旧金山亚洲艺术博物馆的商代长铭器小臣艅犀尊铭 27 字；今藏于日本神户白鹤美术馆的小子𤰈卣盖、器铭共计 47 字；今藏美国纽约大都会博物馆的𩰯卣铭 36 字。

殷商铜器铭文是研究汉字发展演变的重要资料，实践证明，商代金文与甲骨文一样已经是一种非常进步的文字了，如果按照东汉时代古文字学家许慎在其所著《说文解字》一书内谈到的汉字的六种构造方法，即"六书"来解释金文的构字方法是完全适用的。需要指明的是，金文与甲骨文中形声字的出现是造字方法的一种极大的进步，它冲破和超越了象形与会意字的局限性，使汉字的创造更加方便、丰富。

商代铜器铭文，不仅是研究汉字发展演变的重要资料，而且从书法艺术角度看，还是有重要审美价值的作品。从商代金文整体上看，其书体雄劲有力，常作首尾尖、中间粗的"波磔体"，例如："父"字写作"𠂇"、"王"字写作"𠙴"。闻名于世的司母戊大方鼎、司母辛方鼎，其书体雄伟有力，宏放

第四章 举世无双的青铜器纹饰和铭文

恣肆。四祀邲其卣书体古朴秀丽。古亚毁书体规整，笔势遒劲大方，优美洒脱。

殷商铜器铭文虽然与西周铜器铭文，无论在数量和重要性上都不能相比拟，但不容忽视的是它对金文的发展起了开拓和奠基的作用。

殷商金文内容最常见的是单一的族徽字，这种单一的徽识应是代表了器物主人家族的标志，其渊源可以追溯到原始社会的图腾制度。铜器上开始有家族或个人徽记，早在二里岗期已初见端倪，如传世的"亘"铭铜鬲。殷商后期仅一族氏名的如"友"、"举"、"戈"、"鹿"、"宁"、"车"、"甲"、"鱼"等。复杂一点的还有所谓复合族徽，复合族徽就是在一件器铭上有两个乃至三个族氏名号，表示氏族之间的从属关系，体现出了宗氏和分族、分支等的关系。如："戈酉"、"戊箙"、"受共覃"等等。铭中的酉氏族从属于戈氏族（宗氏）；箙氏族从属于戊氏族；受、共、覃则为三级族名，共氏族从属于受氏族，覃氏族从属于共氏族，自然也属于受氏族了。

"国之大事，在祀与戎"，殷商金文许多都反映了祭祀与战争。商铭文常常表现祭祀祖先的内容，这是贵族孝道思想意识的具体反映，有祭祀内容的铜器应是宗庙中的祭祀器。有的祭器上仅有简略的铭文，反映祭祀祖、父、母、兄，一般只标明被祭祀对象与祭祀人的辈分关系和被祭祀对象的日名，如"祖戊"（鼎）、"父辛"（鬲）、"母戊"（觯）、"司母戊"（鼎），"司母辛"（鼎）等等。复杂一些的再标出祭祀者的家族族

戍嗣子鼎上的铭文

徽，如"戈"、"举"、"再"、"醜亚"、"天黿"等等。

祭祀内容格式更完整的如：

二祀邲其卣："丙辰，王令邲其兄鼜，殷于夆田貺，咸贝五朋，在正月，遘于妣丙肜日，大乙奭，隹王二祀，既祼于上下帝。"

四祀邲其卣："乙巳，王曰："尊文武帝乙宜，在酆大廊（廷），遘乙。"

醜亚方尊："醜亚者（诸）姛曰大子尊彝。"

以上几例都反映了对祖先祭祀，二祀邲其卣还反映了对天帝的祭祀。

殷商金文中的祭名繁杂，所见主要有肜祭、殷祭、遘祭、祼祭、胁祭、旅祭等。

殷商铭文有的是反映上级对下级的赏赐，例如：小子夫尊："饲商（赏）小子夫贝二朋，用乍（作）父乙尊彝。爇。"宰椃角："庚申，王在阑。王各，宰椃从，锡贝五朋。用作父丁尊彝。在六月。隹王廿祀翌又五。（器内侧铭）庚册（錾内铭）。"

戍嗣子鼎："丙午，王赏戍嗣子贝廿朋，在寓宗，用作父癸宝鼎。隹王寓大室。在九月。犬鱼。"

六祀邲其卣："乙亥，邲其锡作册瞽死玨，用作且癸尊彝，在六月，隹王六祀翌日。"

毓祖丁卣："辛亥，王在廙，降令曰：归福于我多高器。锡氂，用作毓（后）祖丁尊。"

小臣缶方鼎："王锡小臣缶渿（积）五年，缶用作享大子乙家祀尊。举父乙。"

小子夫尊、宰椃角、戍嗣子鼎，铭文记赏赐贝事；六祀弋邲其卣铭记赐玉事；毓祖丁卣铭记赏赐祭肉事；而小臣缶方鼎铭记赏赐禾稼事。考察殷商金文赏赐内容，以赐贝为最多。

殷商金文有关征伐的内容，如：

般甗："王且人方，无玫。咸。王赏乍（作）册般贝，用乍（作）父已尊。来册。"

第四章 举世无双的青铜器纹饰和铭文

小臣艅犀尊"丁巳，王省夔且，王易小臣艅夔贝。隹王来征人方，唯王十祀又五肜日。"

尹光鼎："乙亥，王口才（在）麋䱇，王饮酒，尹光邀。隹各。赏贝，用乍父丁彝。隹王征井（邢）方。"

商金文有关被征伐方国主要是人方和邢方，这比甲骨文所记要少得的多，甲文中被征伐的方国，除人方、邢方外，还有土方、鬼方、盂方、虎方等。

殷商铜器铭文也有反映宴享和狩猎的内容，如：驭毁："辛子（巳），王酓含（饮）多亚，驭享京丽，易贝二朋，用乍（作）大子丁。"

宰甫卣："王来兽（狩）自豆录（麓），才（在）楔师。王乡（飨）酒。王光（贶）宰甫贝五朋。用乍（作）宝鼎。"

殷商金文中还有一些标有职官的名称，如："作册"（作册般甗）、"小臣"（小臣邑斝）、"宰"（宰椃角）、"寝"（帚秋毁）、"戍"（戍嗣子鼎）等。作册主要掌管著写简册和祭祀时奉天子的册命以告神灵。小臣职司内容很多，主要是掌管占卜和祭祀，以及田猎与征伐，有的还管理奴隶的耕种。戍为武官，主要负责守卫与征伐。寝可能是主管宫寝的职官。宰是为王生活服务的家臣，并管理奴隶。

从商金文内容还可以考察诸多青铜礼器的名称与定名问题，具有铭文的许多器名用器物的共名，如："尊"、"彝"、"尊彝"、"旅彝"、"鼎彝"。这些共名的铜器包括的器种很多，主要有鼎、甗、毁、角、斝、卣、壶等等，其中有的鼎、毁等器铭文还常常标明本身的专名。盂也标出专名，著名的寝小室盂即其显例。

综上所述，殷商金文是一种很进步的文字，字体典雅古朴，内容也涉及诸多方面，许多内容都可与文献和甲骨文相互比照印证。这对商史的研究与甲骨文一样，是直接的第一手资料，有着重要价值，其内容尤其对家族史、祭祀制度、社会生活和意识形态的研究更显重要。

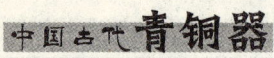

> ### 西周晚期青铜器的鉴定要点
>
> 此期青铜器的造型和花纹设计，趋于定型化。鼎的典型式样是直耳圜底，足呈中间细两头粗的马蹄形，最具代表性的是厉王时期的颂鼎。簋的形制几乎千篇一律，敛口鼓腹，下承三附足，腹作瓦纹，只是簋盖稍有变化而已。鬲多为平裆束颈，口沿平向外折，和足对应的腹壁各有一道扉棱。编钟增多已较普遍，兵器数量增多。戈的援部有的变短，前锋多呈等腰三角形。据金文记载，西周王室建有驻防西土（周原丰镐地区）的西六师和驻防东土（成周洛阳、殷都朝歌）的成周八师、殷八师，各诸侯国及大贵族还有自己的家族武装。战争的主要形式是车战。
>
> 青铜器花纹经历了西周中期剧烈的变形过程，到晚期流行的花纹以重环、瓦纹、环带纹为主，其次是弦纹、鳞纹、蟠龙纹和进一步简化、变形的窃曲纹。

西周青铜器铭文

商周青铜器是商周国家和各级贵族权力、财富的象征。西周王朝为了加强王室的权力，对"明贵贱，别等列"的青铜礼器更加重视，这在铭文中反映得最为明显。《礼记·祭统》云："论撰其先祖之有德善、功烈、勋劳、庆赏、声名，列于天下，而酌之祭器，自成其名焉，以祀其先祖者也。"《墨子·鲁问》也称："攻其邻国，杀其民人，……以为铭于钟鼎，传遗后世子孙。"大体上，西周青铜器铭文的内容有以下几种：

第四章　举世无双的青铜器纹饰和铭文

1. 反映土地制度变化的经济史料

西周社会土地所有权属于天子一人所有，正如《诗经·小雅·北山》所云："普天之下，莫非王土；率土之滨，莫非王臣。"周天子可以把土地以及在土地上耕种的奴隶赏赐给诸侯和臣下，让其世代享用，但他们仅有使用权，而无所有权；诸侯和臣下还要定期向国王贡赋，周天子可以随时收回土地。后来陆续出土的西周铜器铭文，很多都反映了赏赐田地之事，前面所讲康王时的宜侯夨簋铭有周天子对宜侯夨赏赐"田川"和"宅邑"的记载。1972年，陕西眉县杨家村发现的旟鼎铭"王姜易旟田三于待勮"，"田三"即三田，一田等于100亩，三田即300亩。不但赐"田三"，而且还包括了即将成

西周青铜簋铭文

115

熟的禾稼。1980年，山东滕县后荆沟出土的不嬰簋铭文记载，器主不嬰因征战有功，受到周王的多种赏赐，其中包括"臣五家，田十田"。传世的西周中晚期的一些铜器铭文，有的则记载着有关田邑交换的内容，如格伯簋、散氏盘、鬲从盈等铭文。这些反映私人土地占有的铭文内容，冲击了国有土地的禁锢，反映了奴隶制在逐渐走向衰落。

2. 有关战争的记载

史料价值最高的典型铭文有1976年陕西省临潼县西段窖藏出土的利簋铭，铭文4行32字，内容简朴，明确记载周武王征伐商朝，而且时间是"甲子朝"，这与《逸周书·世俘解》"越五日甲子，朝至，接于商，则咸刘商王纣"，以及《尚书·牧誓》"时甲子昧爽，王朝至于商郊牧野，乃誓"所记伐商时辰完全相同，证明了古籍记载是正确的。由于利簋铭文内容记载了周武王伐商的史事，因此又有人称之为"武王征商簋"。利簋是目前所见西周王朝最早的一件青铜器。

西周铜器铭文中有关战争与征伐的记载，是研究奴隶制国家军事和民族关系的重要史料。

3. 有关礼仪制度的记载

西周国家各种礼仪制度繁复，一些铜器铭文也有所记载。1954年，陕西长安县斗门镇普渡村发现的穆王时的长盉铭："穆王在下减应，穆王飨醴，即井白大祝射。"记载了周穆王在行屋行飨射之礼。1955年，陕西郿县（今眉县）李村出土的盠驹尊铭，记"王初执驹于欣……王亲旨盠驹，易两"。周天子亲自参加幼驹离开母马正式用于役使的执驹之礼，并对器主盠赏赐幼驹，反映了周王朝对马政的重视。有关执驹之礼，可与《周礼·夏官·校人》等有关记载相互印证。

传世铜器中的大盂鼎铭属训诰一类，主要内容是周康王二十三年（前997年）向贵族盂昭告周朝立国的经验和殷丧国的教训。1965年，陕西宝鸡出土

第四章 举世无双的青铜器纹饰和铭文

的何尊铭文，内容是周成王五年（前1037年）对宗小子的一次训话，其中谈到武王和成王相继营建成周洛邑的一些情况。这些都是研究西周初期极为重要的历史文献。

康侯簋

有的铭文则反映了统治阶级的"德治"内容。最典型的莫过于陕西扶风强家村出土的师𩵦鼎铭文，铭为："王曰：师𩵦，汝克贶乃身，臣朕皇考穆王，用乃孔德保纯，乃用恩弘正乃辟安德。虫唯余小子肇淑先王德，……屑嗣𩵦臣皇辟，天子亦弗忘公上父胡德……丕自作小子，夙夕敷迪先祖烈德，用臣皇辟，伯亦克奈通由迪先祖蠱孙子一嗣皇辟懿德。……用厥烈祖介德。"全篇铭文197字，有7处提到"德"，如"孔德"、"安德"、"胡德"、"烈德"、"懿德"、"介德"等。这些不同名称的"德"，总的来说诠释的都是"美德"的意思。提倡德，也就是要求所谓"德治"。"德治"属于"礼治"的重要内容，也是实现"礼治"的重要手段，以维护尊卑贵贱，进行教化。

传世铜器中有关法律诉讼的典型铭文，现仅见于曶鼎铭的拓本。它是研究西周社会法律的重要资料。陕西出土的铭文，则是一篇诉讼辞，也是中国发现最早的一篇法律判决书。铭文大意是牧牛（人名）和他的上级叫儝㑁的打官司，法官伯扬父说牧牛犯上，最后牧牛被判处鞭打500，罚300锾铜。铭文内容与《尚书·舜典》"鞭作官刑，金作赎刑"和《国语·齐语》"薄刑用鞭扑"，可相互印证。

4. 职官名

铭文中有许多职官名，如作册内史、内史、尹氏、司徒、司马、司工、司寇、宰、小子、小臣等，是研究奴隶制国家官制设置和分掌的重要资料。

117

5. 记时法

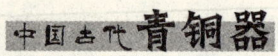

西周铭文对了解和研究西周时代的记时法有着很大价值。记时一般都在铭文开首，格式通常是"惟王某年某月某日"，但也有省略某一项的。为了更详细地记时，还常在月与日之间加上月之四分法的记时，是为"初吉""既生霸""既望""既死霸"。王国维的说法是："古者盖分一月之日为四分，一日初吉，谓自一日至七八日也，二日既生霸，谓自八九日以降至十四五日也，三日既望，谓十五六日以后至二十二三日，四日既死霸，谓自二十三日以后至于晦也。"

这种称为"月相"的计时法，在金文中是不乏其例的，如：豆闭簋"惟王二月既生霸，辰在戊寅"、谏簋"惟五年三月初吉庚寅"、颂鼎"惟三年五月既死霸甲戌"、太师虘簋"正月既望甲午"、师趛鬲"惟九月初吉庚寅"。这里再说明一下，西周金文的月相记时法，在商金文中没有见到过。

此外，西周铜器铭文还涉及策命、赏赐中的名物制度等内容。

知识链接

河南浚县辛村西周青铜器

辛村坐落于河南浚县西南，是西周时期卫国的属地。这里三面环山，淇水蜿蜒而过，自古就是风水宝地。卫国贵族墓地就位于村旁的平缓坡地上。辛村墓地延续的时代较长，从卫康叔受封到卫国灭亡，大约两百余年。这片墓地可谓命运多舛，卫国灭亡之后不久，这里就遭盗掘。1931年乡民野蛮的盗宝行为更是令这里雪上加霜，先是辛村人刘金华串通一古董商在

第四章 举世无双的青铜器纹饰和铭文

村东头挖开一座墓，盗出青铜鼎彝若干，并以高价售出。其他村民闻讯后也纷纷盗掘。与早期盗墓贼的盗法不同，这些村民首先挖一个长方形的竖穴，深达棺底，见有朱砂出现后随即向四面横凿出隧道，在隧道中肆意挖取，直到墓中遗物殆尽为止。这种地鼠般的盗墓方式使得辛村墓地遭受到毁灭性的破坏。

辛村墓地上除了挖宝的村民之外，还云集了众多古董商。一旦遇到珍贵文物，立刻高价收购，然后辗转海外，获利良多。因为分赃不均，经常发生械斗。当时的河南省政府知悉盗墓的消息后，立刻下令严查，不仅裁撤了县长，还通缉匪首，这股盗墓的风气才逐渐被打压下去。1932年，李济、董作宾亲赴开封与河南省政府商议建立"河南古迹研究会"，由李济出任研究会主任，郭宝钧正式主持浚县辛村墓地的考古发掘。

东周青铜器铭文

东周时代铜器铭文，其内容除反映了某诸侯国的铸器特点外，还提供了该国历史情况。这类铭文较多，择要举例如下：

列出世系：1978年，陕西宝鸡杨家沟窖藏出土的秦公钟和秦公镈，甲、乙钟（一组铭文）和丙、丁、戊钟（一组铭文），以及另三件镈钟的铭文内容完全相同。每组铭文135字，铭文开首："秦公曰：我先祖受天命，赏宅受国。剌剌邵文公、静公、宪公不豢于上，邵合皇天，以虩事蛮方。……"从铭文推定，钟与镈的主人是秦武公，在位时间为公元前697～前678年。其祖先为襄公、文公、静公、宪公。

作器颂政：1979年河南淅川下寺2号墓出土的王子午鼎，鼎腹铭鸟书86

字,铭文记载王子午"用享以孝于我皇祖考",并"惠于政德"。发掘者认为王子午即是楚国令尹子庚,死于楚康王八年(公元前552年)。铭文反映了作器祭祀和颂扬当政功绩的内容。

邦国关系:1955年,安徽寿县蔡侯墓出土的蔡侯盘、铸等器的铭文都近百字,从铭文分析出蔡国处在楚、吴两大国间的困境,蔡侯既要"佐右楚王",又要嫁姐以"敬配吴王"。蔡器铭文对研究蔡国与吴、楚之间的关系都很重要。

国史述记:1974年,在河北平山战国中期中山王墓出土的几件长铭铜器格外重要。如中山王𫶇鼎铭、夔龙饰方壶铭、妾次圆壶铭和兆域图铜版铭。鼎铭云:"昔者郾君子哙,睿弁夫悟,眯为人宗,闻于天下之物矣,犹见(迷)惑于子之,而延(亡)其邦,为天下戮。"方壶铭:"厘君子哙,不顾大义,不救诸侯,而臣宗易位,以内绝召公之业,乏其先王之祭祀……"由于燕王哙让位于子之,太子平和将军市被聚众进攻子之,燕国大乱。这时东方的齐国趁机伐燕,攻占燕都,哙与子之均身死。与燕国相邻的中山国对燕国内乱持什么态度,文献并未记载。而中山器铭则记载了在燕国这一事件中,中山国在相邦司马赒率领下参加了征燕的战争。在征燕战争中,还"辟启封疆"获得了燕国"方数百里,列城数十"的大片土地。妾次圆壶铭是王𫶇之子妾次追念其父王的一篇悼词,也提到中山国国史。三件铜器铭文列出文、武、桓、成、𫶇、妾次诸王,补充了文献的缺载。兆域图是我国目前所见最早的古代墓葬规划图。《周礼·春官·冢人》:"掌公墓之地,辨其兆域而为之图"。公墓即天子及其家人的墓地。由于铜板开首有"王命赒为兆法"字样,因而也有学者依据器物"名从主人"的定名原则,将该图板的墓葬规划图称作"兆法图"。

音律记载:湖北随县战国早期曾侯

东周青铜器铭文

第四章 举世无双的青铜器纹饰和铭文

乙大墓出土的曾侯乙编钟，铭文记载了有关乐理的内容，如音律、音阶的名称和变化音名，以及曾国及楚、周、齐、晋的律名、阶名的相互对应关系。这些铭文内容，以及60余件编钟实物，对认识、研究战国时代音乐的发展水平提供了罕见的资料，是世界文化史的瑰宝。

知识链接

东周时期北方民族青铜器的鉴定要点

这一时期动物纹器物，无论题材、造型风格和铸造技术都有着明显的特征。首先，动物纹的题材除表现家畜和猫科猛兽、鹰鸟头像外，还有各种完整的动物形象，诸如虎、狼、羚羊、绵羊、鹰、刺猬、鹤、鸭等。动物相斗或撕咬的造型大量涌现，如虎豕相斗、狼背鹿、狼食盘羊、虎吞鹿、虎食驴、虎食牛及老虎与鹰头兽相斗等，这种题材在两汉时期更为流行。这一时期还出现了虚幻动物形象和后半个躯体翻转的动物形象。第二，圆雕动物形象明显增多，铸法新颖，造型生动。同一种动物表现不同的姿态，作伫立或伏卧，低头或昂首，惊吓或停息，远眺或嘶鸣。动物各部位比例适宜，肌肉丰满。鹿躯体浑圆，两眼炯炯有神，雄鹿巨角贴背，分作枝丫，异常动人。有些动物像鹿、鹤等，往往雌雄相伴，成对出现。这一时期出现的透雕动物纹饰牌，尽管数量不多，但可作为两汉时期流行的透雕动物纹饰牌的祖型。第三，这一阶段前期动物纹的主要特征是制作比较粗糙，没有着意刻画动物各部位的细部特征，完整的动物形象多处于静止状态。而后期动物纹的特点，与前期比较，不仅制作精美，而且题材增多，动物各部位的特征刻画细腻，完整动物除刻画静止的动物外，还塑造动物相斗或撕咬，猛兽吞食食草动物，以及虚幻动物形象和后半个躯体翻转的动物形象。

秦汉青铜器铭文

秦汉青铜器铭文

秦汉时期，铜器铸造已少礼器，因此，铭文记事、记功、颂祖等基本消失，即使有铭文，其性质也随之有了一些变化。

秦统一中国后，采取了一系列巩固政权的措施，如："一法度衡石丈尺，车同轨，书同文字"，并统一货币。历年发现的秦代量器或衡器上，带有诏书的为数不少，除常见的"廿六年，皇帝尽并兼天下诸侯，黔首大安，立号为

秦诏量铭文

第四章 举世无双的青铜器纹饰和铭文

蟠螭纹青铜器

皇帝。乃诏丞相状、绾，法度量，则不壹，歉疑者皆明壹之"诏版外，较重要的如西安西郊高窑村出土的高奴铜权，权上铭文有："三年，漆工配，丞诎造，工隶臣平。禾石。高奴。"又有始皇廿六年（公元前221年）诏文和二世元年（公元前209年）诏文。二世铭为："元年，制诏丞相斯、去疾，法度量，尽始皇帝为之，皆有刻辞焉。今袭号，而刻辞，不称始皇帝，其于久远也，如后嗣为之者，不称成功盛德。刻此诏，故刻左，使毋疑。"作为度量衡的标准器，二世未变，继承下来。

1976年，在秦始皇陵封土建筑遗址内发现的一件错金银铜钟，钟纽刻小篆"乐府"两字。这一发现可以纠正《汉书·礼乐志》所记汉武帝时"乃立乐府，采诗夜诵"的说法，证明秦朝已设立乐府机构。

需要指出的是，秦代很重视器物的铸造质量。很多器物尤其是兵器严格要求物勒工名，有铸造年代，还有官府机构、监制人员、作器工匠等。汉代铜器也是如此。两汉时的青铜器铭文，许多都较清楚地记载了官府手工业机构名称和官吏设置。《汉书·百官表》记载汉中央政权机构设"少府"，下设"考工室"（武帝太初元年更名为"考工"）和尚方，是制造器物的机构。如陕西兴平茂陵从葬坑出土的铜镏金银竹节熏炉，有铭文："内者未央尚卧，金黄涂竹节熏炉一具，并重十斤十二两，四年内官造，五年十月输。第初三。""内者未央尚卧，金黄涂竹节熏炉一具，并重十一斤，四年寺工造，五年十月输。第初四。"铭文就有"内官"和"寺工"。这是为宫廷制作器物的机构，负责监督铸造质量。勒名其上表示质量合格，以备检查。"寺工"早在秦代已出现，如秦俑坑出土的铜钺铭："十七年寺工皱，工写。"这反映了汉承秦制的一个历史侧面。有一些汉代铜器，铭文表明该器属于某官、某府，例如竹节熏炉上的"未央"，表明该炉是皇家"未央宫"所用。有"阳信家"名的铜器，是汉武帝长姐阳信长公主家使用之器物。1961年，西安三桥镇高窑村出土的一批窖藏铜器，有的有"上林"名称，如"上林铜鉴"，表明这批铜器属上林苑皇家宫苑所有。另外，如"中山"、"常山"、"晋阳"、"清河"等名，反映了器物归属某诸侯王府。汉代铜器铭文内容，有的还反映了民间手工业的存在。如1968年河北满城刘胜墓出土的一些铜器，其上铭文表明其器是内府从洛阳和河东买来的，甚至标出价格，表明这些铜器是由民间手工业作坊专门为官府铸造的。

知识链接

铜器作伪的方法

历代铜器作伪，一般从四个方面入手，一是器形，二是纹饰，三是铭文，四是铜质锈色。作伪者会根据铜器的不同情况和市场需求，采用其中之一种或全部手段进行作伪。

拼凑：又叫"插帮车"，是用几件残损的旧铜器，拼接成一件完整的铜器。这是从器形入手的作旧。拼凑的器形较奇特，又因纹饰、铭文、铜质锈色是真器，在鉴定时亦无破绽。故拼凑的古铜器有很大的迷惑性。

改造：作伪者将一些不易卖出或价格便宜的古铜器加以改造，使之成为一件能卖上好价的新器型。如原器本无梁无盖，可改成一件有盖有提梁的新器。或原器有部分残损不易配上，便设法将其改成另一种器型。这种改造仅改动了古铜器的器型，铜质仍是古铜。

加花：民间称纹饰叫花纹，加花就是添增纹饰。有些古铜器原本是素面或只有简单的纹饰，作伪者会在光素部位上增刻一些纹饰，以此增加古铜器的价值。

掏花：一般是对原本无花纹又有残的铜器进行掏花。先在铜器上錾刻花纹，再将花纹地子作镂空处理，将有残的部位也顺便去掉了，变成一件镂空之器。采用掏花是用镂空装饰来增加铜器的工艺性，以此增值。

添铭法：即真器本无铭，作伪者在器上錾刻伪铭。

增铭法：真器上原本有铭文，因铭文简短卖不上价钱，作伪者便会在真铭的前后增刻伪铭；或者是真器上本应有铭，因器缺失某部分使铭文也残缺，修配时将铭文刻出。

补铭法：即真器上原有铭，但铭文中缺字，伪作者将其补上；或真器上本无铭，后刻上伪铭，因某种原因漏刻了字，后来又补刻上。

腐蚀法：用于铜器铭文作伪，其方法是在青铜器需要刻铭的部位涂上蜡，

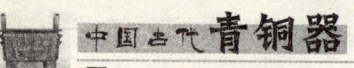

在蜡上刻好字，然后用三氯化铁溶液涂在刻好的字口上进行腐蚀，最后将蜡去掉，就会出现凹陷的字口。

仿古铸器：制作者仿制古铜器时或依真器，或依图录，使得所仿器形制与真器基本相似，尺寸大小、也与真器相近。

第五章

独具慧眼——青铜器鉴赏

青铜器的鉴赏主要是指对青铜器的鉴别与欣赏。鉴别即辨伪，简单说就是看青铜器的真假。因为在古代和近代有仿造和伪造三代（夏、商、周）、秦、汉青铜器的，在作伪技术上，有的水平确实相当高，以致于专业工作者，如果眼力不高、不够，也难辨真伪。本章将就一些基本辨伪方法进行介绍，以期对收藏鉴定者提高青铜器的鉴赏能力有所帮助。

第一节
初识青铜器的鉴赏

青铜器鉴赏的起源

中国青铜器的鉴赏、辨伪最早是从什么时候开始的？这是收藏家和鉴定者都感兴趣的问题。对于这一问题，由于时间久远，资料缺乏，现在还很难作一定论。仅就现有资料分析，中国青铜器的鉴赏、辨伪至少在春秋时期即已开始。

鉴赏、辨伪之说显然是基于有青铜真器和伪器而言，也就是说只有产生了伪作青铜器后，才谈得上辨伪。而伪器，据史料记载，早在春秋时期就已经产生。《韩非子·说林》中记载了赝鼎的故事，春秋时期，齐国派军队攻打鲁国，索要鲁国的谗鼎。鲁国舍不得把真器奉送齐国，于是便仿铸了一件鼎送给齐国。齐国人见是仿制的遂称："这是赝品"（雁也）。鲁国人争辩道："这是真的。"齐国人说："请乐正子春（柳下季）来辨别"。鲁国国君只好把乐正子春请了来。乐正子春看了看伪器，对鲁国国君说道："为什么不把真器送给齐国？"鲁国君无奈，只好说："我喜欢谗鼎。"而乐正子春则说："我喜欢诚实，不能对齐国说假话。"

从这一故事可知，春秋时期已有伪作青铜器了。而乐正子春一眼便识别出假器，显然他对青铜器有独到的研究，难怪齐国要他来鉴别真伪了。这一

第五章 独具慧眼——青铜器鉴赏

例证说明，春秋时期青铜器的鉴赏、辨伪就已经开始了。

《国语·鲁语》中也记载，孔子曾周游列国，到了陈国时发生了一件事情，在陈国国君的庭院内，有一只鹫鸟被箭矢射穿而亡。这是一枝由楛木作杆的箭，箭头则用石头作成，长一尺八寸。陈国国君便派人带着射杀鹫鸟的箭矢去请教孔子。孔子鉴别后说道："这是肃慎用的箭矢。当年武王克商后，四方进贡，肃慎氏就是进贡的这种箭矢。武王又曾将它分赐给了陈国。如果不信，立即派人到兵器库房内去看，是否有这种箭矢。"陈国国君马上派人去查看，果然如孔夫子所言，在库中找到了肃慎氏用的箭矢。孔子之所以作出了如此准确的判断，肯定与他经常研究金石之学有关。所以也可以认为，孔子也是一位春秋时期的鉴赏、辨伪专家。

楚王鼎

当然，中国青铜器的鉴赏、辨伪的高水准时期当在宋代。由于两宋崇古之风独盛，伪器也大有市场，以至真伪掺杂、鱼目混珠，尤其是制作精美的伪器，足以乱真。在这种情况下，铜器的鉴定、辨伪之学也就显得重要起来，因为上至皇帝及达官贵人，下及文人士大夫阶层，都喜爱收藏古铜器，但又害怕买到伪器，于是只好求教于鉴别高手，鉴赏、辨伪专家也就应运而生了，并学有所成。如吕大临著《考古图》、王黼著《博古图》、薛尚功著《历代钟鼎彝器款识法帖》、王俅著《啸堂集古录》等，一批鉴赏大家出世，并集成一批中国古铜器研究的经典之作。无疑，宋代在青铜器的鉴赏、辨伪上对后世有着不可磨灭的贡献。

综上所述，中国青铜器的鉴赏、辨伪最迟不应晚于春秋时期，而这项技能的兴盛、成熟当在两宋无疑。

青铜器鉴赏的方法

在青铜器辨伪上要注意到器物的各个方面，看器物是全伪，还是某一方面伪、某一点伪，决不可孤立地单纯看某一方面。在辨伪时要注意到铜器的铸造、形状、花纹与铭文等多方面情况。前人虽然对如何辨伪总结过不少的好经验，这是应当加以借鉴的，但也有些提法，比如：《洞天清禄集》提到用色、声、味来辨伪。该说法指出："三代古铜并无腥气，惟新出土尚带土气，久则否，若伪作者，热摩手心以擦之，铜腥触鼻可畏也。"又说："古铜声微而清，新铜声浊而哄。"这些说法虽缺乏一定的科学根据，但我们今天在进行铜器鉴定时，还是可以重新考虑的。

要学好鉴定青铜器的真伪，确实是一个比较复杂的问题，关键在于多实践，多看实物。下面简单介绍一下铜器作伪的几种情况和辨别假铜器的几种方法。

（1）全器皆伪的。过去作假铜器的人，在作假器之前，首先找个器物样子来照着作，他们常仿《博古图》内的器物，所见鸟兽尊一类器物其中许多都是假的。三代秦汉器无论某种器物在造型、花纹、铭文等方面都有着它的特点，而对于宋、元、明、清、几代的仿古品，稍有青铜器常识的人就可分辨出来。

（2）器物是拼凑的，俗话是"驴唇不对马嘴"，有时一望便知。例如：利用真器甗上半部的甑，在下面再加上三足，使之成为鼎。有的利用缺三足的鼎体，在下面再加上豆把和圈足，使成为豆。真器真铭使之合成一器的，

牛方鼎

例如：录尊之铭原是卣内的铭，后改嵌入尊内。

（3）器物是真的，铭文或花纹是后刻的。也有真器上残存有一部分铭文或花纹，造伪者再嵌进后刻的一部分铭文或花纹。

（4）器伪而铭真，真铭嵌入伪器内。

（5）器形与铭文或花纹在时代上有矛盾。例如：在战国无铭的兵器上，作假者由于缺少一些战国文字的基本知识，常将西周的铜器文字刻在战国兵器上。

（6）在伪造的技术上，伪造的铜器花纹与铭文，没有真器的那种雄伟浑厚的气韵。商周青铜器上的铭文，一般都是铸字，字体匀整，大小深浅如一。在伪作时，必有凿刀痕，刀口外沿一般是不平整的，作伪者常用铜刷去刷，结果又出现刷痕，有时使字的笔划模糊不清。真假器物多进行比较，便可看出伪器的花纹与铭文呆板无生气、不自然。真器在花纹上底花一般是平整的，而伪器的主题花纹或衬托花纹显得鼓凸，散而无生气。

（7）在铜锈上，真器由于入土千年，它的锈不是浮在器物的表面，而是已渗透到器物的内里了，如果把外面的锈弄下来，由于锈硬，故呈块状。假器的锈一般是浮在表面，弄下来则呈粉末状。又因为是表面上的一层假锈，所以锈一下来，就露出了新铜，原形毕露。

总结青铜器辨伪，再强调一下，主要是多实践，多观察，多比较，善于总结规律，自然可熟能生巧。

知识链接

安徽寿县朱家集战国晚期青铜器

寿县位于安徽省中部，淮河中游的南岸，是一个历史悠久、人文荟萃的古城。距寿县东南约25公里，有个叫朱家集的地方，再向东南不到两公里就是李三孤堆。这个大土堆子高出地面两米以上，直径约百米，村民中早就流传着堆里埋有宝物的说法。

　　1923年前后，当地村民们在田间农作时，经常会捡到一些铜车马件、铜镜、带钩，甚或是铜鼎、铜壶等重器。那个时候，就有国内外的一些古董商前来收取古物，村民们渐渐知道这些东西原来价值不菲。1933年至1935年间，由于当地发生了严重的灾荒，民不聊生，于是就有一些地方乡绅联合那些胆大的村民，挖取古物卖钱。据说当时挖出了大大小小3000余件，辗转运至上海、南京等地兜售，一时间轰动全国。当时的安徽省主席陈调元得知后，下令禁止盗挖。后虽仍有一些盗掘行为，但大的气焰已被打压下去。

　　但没过多久，更加疯狂而野蛮的挖宝行动出现了。由于安徽省主席换成了第五战区总司令李宗仁，大小军政官员就换成了桂系人马。地方乡绅为了讨好第五战区副司令长官兼十一集团军总司令李品仙，投其所好，向他透露了大墓的讯息。1938年，李品仙命令驻扎在寿县的部队开挖大墓，一直挖出了棺椁。盗墓期间共动用了3个运输连的兵力，耗时3个多月才结束。此次盗掘，出土文物甚丰，据说有四五千件，其中青铜器1000余件。仅有少数分藏于北京故宫以及天津、上海、安徽等地的博物馆，其余的皆流失海外。

青铜器的纹饰鉴赏

青铜器上常饰有千奇百怪的纹饰，这些纹饰反映了当时人们的社会生活和思想观念。这些纹饰内容复杂样式丰富多彩，大致可分为动物纹、几何形纹和人事活动图案。从前文已知，动物纹中又有像生动物纹和幻想动物纹两种，前者包括牛、羊、象、虎各种动物图纹，后者则有饕餮纹、夔纹、龙纹、凤纹等；几何形纹则是以点、线、圆形、方形、三角形为基本要素构成，有弦纹、绳纹、云雷纹、滑纹、环带纹等；人事活动图案则有宴乐、采桑、渔猎、攻战等生活图景。

商代前期青铜器的纹饰质朴，结构粗犷，最常见的纹饰是饕餮纹。商代晚期的纹饰则趋于繁缛的作风，图案多姿多彩，有弦纹、云雷纹、滑纹等几何形纹；有将牛、羊、虎、象等动物进行抽象、变形后的动物纹；还有以想象中的动物来构思的饕餮纹、夔纹、龙纹等。这时的青铜器纹饰流行通体满花，而且有时以几种图纹交织，并有主题、陪衬之分，形成各种不同效果，观赏价值极高。

春秋战国时期，周王朝衰弱，诸侯各霸一方，早期青铜器那种带有浓重宗教色彩的传统被打破，地域性及创新精神被更多地表现。以往奔放的粗花，渐变为工整的细花。最常见的是将两条或两条以上的小螭龙纠结在一起，不断地穿插和盘旋，装饰非常华丽、复杂，叫作蟠螭纹。另外，还有几何形纹、贝纹等，它们具有图案化的倾向，而不再有神秘的意味。并且这时的纹饰中有了大量的宴乐渔猎等生活场面，非常富于时代气息。

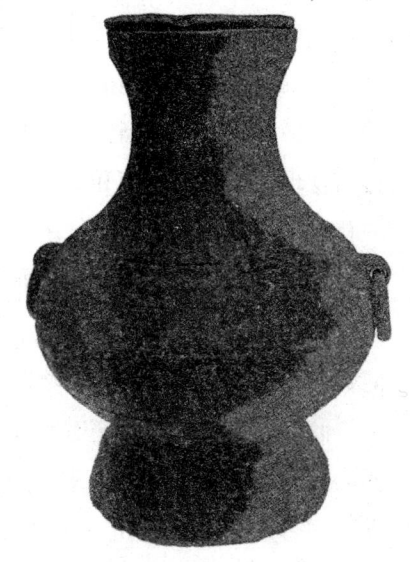

汉代弦纹环耳铜壶

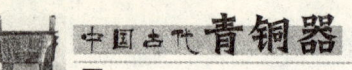

秦汉以后，由于镶嵌工艺不断发展，纹饰不再具有重要意义了。

由于纹饰的不断变化、发展，鉴赏者也可据此把握到青铜器的时代特征。

青铜器的铭文鉴赏

我国古代青铜器上常铸或刻有文字，这些文字通常称为"铜器铭文"，宋代开始也称其为款识，而文字研究家们则称之为"金文"、"钟鼎文"。

过去，尤其是清代末期的考据家们对于青铜器的断代多依据于铭文。不少的收藏家也偏爱铭文。解放前故宫博物院对于青铜器的收藏就偏重于铭文，这虽然有失偏颇，但铭文也确实价值不低，内涵深远。

铜器铭文在中国书法艺术中具有重要的地位，它上承甲骨文，下启篆、隶、楷，其字体构造，有象形、指示、会意及大量的形声字，而内容更准确地表现了当时社会、政治、生活内容。如"利簋"，有大篆字体的铭文4行32字，记载了武王伐商的史实，留下了牧野之战的准确时间；"㝬匜"器内和盖上共铸有铭文157字，是我国目前所见到的最早的一篇内容完整的法律判决书，它再现了西周时代法律诉讼和审判情况，反映了西周时代的刑法和狱讼盟誓的制度，具有很高的史料价值；再如"毛公鼎"，有铭文479字，是现存的人类最早、最美的庙堂典章文字；西周"散氏盘"，有铭文357字，是我国目前发现的最早的外交和约文件；共王时代的"史墙盘"，有铭文284字，是一首关于家史的叙事诗。

铭文，包括字体、文例、制度，各时代都有其定制，但也并不是固定的。有时在某一方面是当时的特色，而另一方面又沿袭旧制，或者摹仿前代甚至前数代，在这种情况下为器物断代，还得依据纹饰、形制等方面资料。

商代的铭文多是一至五六个字，一般就记作器的人和为某人作的器。作器的目的以祭祀、赏赐为多，所记的事晦涩难懂，如司母戊鼎内腹壁就有铭文"司母戊"三字，此三字的意义何在，目前学术界就有三种说法：一种是认为此鼎是商王为祭祀其母戊而铸造的，"司"解释为职司、官司、典司；另

第五章 独具慧眼——青铜器鉴赏

西周青铜器铭文

一种解释认为这是氏族的名称；第三种意见则把"司"解释为"祠"，即祭祀之意。商代铭文的字体有雄壮和秀丽两派，都有着古朴、和谐的美感。

周初铭文承袭殷商，铭文内容多为记载祭祀、赏赐和作器者，后来文字慢慢增多，所记的事也渐渐繁琐起来，文字则仍然非常深奥，不易解释。字体则笔划锋锐，气魄雄伟，有商代雄壮与秀丽的余韵。到西周中期，文辞也多为纪事，而铭文字体开始变体，不再锋芒毕露，字体变小，行路紧凑。西周后期，铭文内容更长，散氏盘长达357字；这时的铭文字体因为字数增多，排列也渐趋整齐，字体更趋于圆润、典雅、不露锋芒，书艺绝伦，达到了金文的成熟阶段。这时的毛公鼎，铭文内容长达500字，字体正统，被称为古籀的典型，文辞典雅、高洁，是两周金文中最精湛者。

到了春秋战国时期，铭文内容日趋简单，字体变为线条化了，许多都是刻意求工的瘦劲型、肥美型，各具特色和神韵。这时还流行一种"鸟篆"，曲绕回旋，等于是一种美术字，它体现了东周人民对美的创造与追求。

战国以后，铭文内容则多为记载铸器的年月、监造处所、工官名称等。掌握了以上知识，也就基本了解了如何从铭文上来鉴赏青铜器。

知识链接

青铜器鉴定术语

生坑：指新出土的古铜器，或者是出土虽有几年，器物还保持着新出土时的状态，表面还没有被灰尘、油污等污染，并且也没有做过任何人工处理。

熟坑：指传世的或出土很久的古铜器，由于经常玩赏，铜器表面凸起的部位被手摩挲呈现出光亮熟的状态；还有一些是将新出土的铜器有意上蜡擦光，充作传世品，都称为熟坑。

水坑：指新出土的一种古铜器，由于埋藏环境潮湿或于水中浸泡，器表的颜色湛绿湛绿的或黝黑黝黑的，非常好看。湖南一带出土的古铜器，以水坑器居多。

发坑：指新出土的一种古铜器，由于埋藏环境较差（化学污染），器表腐蚀比较严重，不仅表面有积锈，而且锈下凹凸不平，有的还有膨裂。发酵膨裂严重的叫"发坑"或"脱胎"，轻者叫"半发坑"、"半脱胎"，常见于湖南、湖北、安徽、江西等地区出土的古铜器。因为当地是含铁量较高的酸性红土壤，又多雨潮湿，对铜的锈蚀作用更为强烈。铜器的色泽却不相同，安徽出土的脱胎青铜器，有的呈灰绿或灰色；湖北出土的脱胎青铜器，没有湖南的那样嫩绿。当然，同一个地区出土的脱胎青铜器，色泽也不会绝对一致。

第五章 独具慧眼——青铜器鉴赏

脏坑：指新出土的一种古铜器，表面附有杂质，是既不美观也不容易去除的恶锈。

黑漆古：古铜器埋藏很久，器表和底子受到土壤锈蚀的影响，表面和底子呈现黑漆色、亮晶晶的，故名黑漆古，也是仿古铜器作伪的一种装饰风格。

绿漆古：因古铜器埋藏很久，铜器的表面和底子受到土壤锈蚀的影响，呈现绿漆色、亮晶晶的，故名绿漆古，也是仿古铜器作伪的一种装饰风格。

水银沁：因古铜器埋藏很久，受到土壤锈蚀的影响，铜器的表面和底子呈现水银色、银白光亮，故名水银沁，也是仿古铜器作伪的一种装饰风格。

枣皮红：古铜器埋藏很久，器表和底子受到土壤锈蚀的影响，表面和底子呈现枣皮红，故名枣皮红。河南安阳一带出土的古铜器，都带有枣皮红的特征。枣皮红也是仿古铜器作伪的一种装饰风格。

洗过澡：指有些传世的青铜器，表面被油污侵蚀过分严重。有一些老艺人使用醋酸等溶液清洗。经过清洗后的器物表面，光亮一色，比较好看。但失去了原有的自然锈蚀的风貌，行家将此类器物称洗过澡。

野造：有的古铜器铸造工艺比较粗糙，花纹也不够精细，一般是出自手艺不高的民间工匠之手，古董行称这类作品为野造。

泛金：古铜器在锈蚀之后，或在收藏时被污染，器表面上泛出金黄色，仿佛是鎏上一层金，古董行称这种现象叫返铜或泛金。

青铜器的保养

青铜器种类繁多、造型独特、纹饰精美，其中许多还带有铭文，具有珍贵的历史价值、科学价值和艺术价值，堪称无价之宝。这些瑰宝如果保管不当，会造成不可弥补的损失。因此，我们一定要注意青铜器的保养。

青铜器大多是出土文物，由于年代久远，锈蚀严重。青铜长期与土壤中的氯化物接触，会形成一种叫有害锈叫"碱式氯化铜"，被称为青铜病，又称粉状锈。它会像瘟疫一样传染和蔓延，使器物溃烂和穿孔。

这种有害锈如果发展起来就会使器物损失严重，对这种现象必须及时处理，要果断地隔离存放。对于刚出土的青铜器，必须清除上面的有害锈，较珍贵的青铜器应请专业人员清洗，收藏者尽量不要自己动手。

要保养好青铜器，必须做到防震、防雷、防火、防盗、防潮、防干、防光、防尘和防污染。

青铜器寿命长短与环境有直接关系，如果将青铜器放在一个相对稳定的环境中，可以阻止或者延续其自然损坏的过程。空气的温度与湿度是收藏青铜器最重要的环境因素，而湿度所起的作用更大。

保管青铜器物的房屋必须干燥，没有尘埃和空气污染物。温度在18℃~24℃，相对湿度在40%~50%。

湿度表示空气的潮湿程度，分为绝对湿度和相对湿度。绝对湿度是单位体积的空气中所含的水汽量，以每一立方米空气所含的水汽表示；相对湿度是在一定的温度下，空气的绝对湿度与该温度下空气中水汽的最大饱和量的百分比。由于水是青铜器的危害因素之一，空气湿度过大，会使青铜器受到腐蚀，所以要在干燥的空气中存放青铜器。

空气污染对青铜器也有很大影响，空气中含有微量的硫氧化物、氮氧化物、碳氧化物等空气污染物，其中二氧化碳、硫化氢、氯气对青铜器都有危害，因此要注意将器物放在一个干净的地方，而且要定期查看。必须严防接触对青铜器产生有害化学作用的物质，如酸类、油脂、氯化物等。

搬取青铜器一定要带上绵丝手套，不能用手直接接触，避免手上的汗腐蚀青铜器。同样，也不能用油污的纸或盒来包装青铜器。

收藏爱好者喜欢把青铜器物拿出来把玩，这时一定要事先洗净双手，最好戴上手套，以免汗液留在青铜器上面。拿取青铜器时一定要轻拿轻放，要用双手端住整个器物，以免发生人为损害。

为防止尘埃，青铜器要放置在密封的橱柜或玻璃橱中。中小型器物要每件做一个锦盒，再将盒放在橱中。如放在开架子上或地上，一定要保持室内清洁。

为防止青铜器受到机械性损坏，青铜器物不应彼此碰撞，也不能叠压码放，对于细工精制和容易受损坏的青铜器物品，尤需特别小心。注意不要将青铜器重叠放置，也不可将青铜器与其他制品一起保存。

如需用水冲洗青铜器，必须使用蒸馏水，也可将蒸馏水加温。要用中性皂，不能用氢氧化铵、酸类及白粉、纱布等。

青铜器上的尘埃要用干净而柔软的布片揩去。一些需要特别小心的地方，如软金属，加工精细、易碎易损的零件等，要用柔软的松鼠毛刷刷去尘埃，或用吸尘器吸去尘埃。

如果青铜器上镶嵌其他材料，如金、银、红铜、宝石、珍珠、玉石、珐琅等，一定要注意这些材料的保管方法。

如果无法避免城市中的空气污染和沿海地区的氯气，为了使青铜器不致发生腐蚀，可在青铜器表面涂上一层保护膜，加以密封，防止有害气体及潮湿影响。这样既能起到保护文物的作用，器物外表也不会变化。

要经常观察青铜器的变化，一旦发现青铜病发生，就要及时处理。只要认真地按上述各项去做，青铜器定能安然无恙。

古铜器收藏行情

目前青铜器的收藏，限于政策原因，流通渠道不畅。因为三代（夏、商、周）彝器属于国家禁止流通的文物，所以目前在艺术品拍卖市场出现的青铜器，是从国外回流的艺术藏品。

2004年9月佳士得香港有限公司拍卖了16件中国古代青铜器，其中一只商代晚期至西周时期的青铜尊，高约29.8厘米，估价约为130万美元。曾是一位英国银行家的藏品。

2005年5月5日在美国纽约由佳士得公司拍卖一只商代晚期青铜大方鼎，估价60万至80万美元。

凡不受政策影响的精品铜器，价格都很好。如有私家名款的精品铜炉，不是市场上的商品，而是官宦世家专门请人铸造的文房用具、府内祭器，有款名和后记，不仅做工好，其文物价值、艺术品位和市场价值也极高。2003年11月26日北京·中国嘉德王世襄、袁荃猷珍藏专场拍卖会，21个铜炉（其中15个是私款炉）拍出了1000多万元的天价，其中一个拍出182.6万元（含佣金）。

2005年1月9日，在北京红太阳拍卖公司迎春拍卖会上，一盏乾隆御用铜胎珐琅万福吉祥灯以6000万元的价格被买走。据介绍，此灯为一对，另一盏目前在故宫博物院收藏。由于原是皇家之物，拍出天价，也在情理之中。

第二节
重要时期青铜器辨伪

唐代青铜器辨伪

青铜器伪作除有地区性的区别外，尚有时代性的差异。前者主要强调假器制作各地有各地的特征，而后者则认为假器制作还有时代性的不同。即随着社会历史的向前推移，社会历史发展的各个阶段又有其不同的政治面貌、经济环境、人文景观以及价值观念。因而反映在伪器制作上，也有其时代性。简言之，各个历史发展时期的伪器有着各自的作伪特点。要能准确地辨明器之真伪，最根本的要求即要对各时期、各种类型的青铜器作伪特征弄得清清楚楚，找出"伪"的特点，伪器也就原形毕露了。

如何鉴定唐代青铜器伪作呢？这主要要求我们了解唐代经济文化背景，认识唐代仿古作伪特征，从而达到去伪存真的目的。唐王朝是我国封建社会发展的鼎盛阶段，在这一历史时期，中国的文化艺术也达到了相当高的境界，金属的冶炼和铸造工艺也发展到一个新的时期。这时，冶炼铸造的种类增多

唐代青铜器

了，除铜器、铁器外，金银器也大量出现，而且上至皇帝嫔妃、达贵显宦，下及士子学人，多钟情于金银器皿。这时的青铜器大有被冷落之感，仿器水平一般。以故宫收藏的一件唐仿西周觯而论，就的确谈不上仿造精良逼真。这件仿器是出于打过蜡的熟坑器，口内、颈部、足内均有明显的旋纹，底部下凹，圈足较高。通过鉴定这件仿器，我们认识到唐代伪作青铜器的基本特征。

首先，仿器比真器质地更细，这是唐代冶炼铸造水平比之商周高出一筹的表现。仿器呈银灰色，多出于熟坑。

其次，仿器的口、颈和足内外均有旋纹，而商周真器没有。这使仿器失去了逼真感，说明艺匠重视程度不够。

最后，仿器的底部一般下沉，低于商周真器的器底，这样，仿器的足部明显高于真器。这一作伪技术上的重大失误只能说明唐人已经不重视铜器了。从遗留下来的唐伪器看，青铜器物多为佛门所用，如铜钵、净水瓶、佛像等，这也符合唐代佛教盛行的客观情形。

注意掌握上述仿器几方面的特征，唐朝时期的大量伪作也就不难鉴定了。

宋代青铜器辨伪

青铜器发展到两宋时期时已处于低落阶段，所以两宋时期的青铜器伪作也有所减少，但是，宋代时期的制作青铜器伪作的水平比唐代时期有很大的提高。伪作的类型也比较丰富，总之，两宋时期又把青铜器的伪作推向了一个新的阶段。主要表现在以下几个方面：

第一，主要仿商至汉魏六朝铜器。

第二，仿造器多种多样，大致有鼎、毁、豆、尊、罍、瓿、壶、觥、觚、卣、盘、匜、洗、炉、钟等。还有各种鸟兽尊，如牛尊、鸭尊、凫尊和新创造的羊率尊、天鸡尊等。

第三，仿造水平较高，其水平与古器无很大区别。但严格来讲，仿器仍较古器粗拙。

第四，仿造器的形体一般较大，尤其与明清时代的仿造器比较更为明显，这时形体较大的器种主要有鼎、爵、斝。此外，铜器外表也较洁净。

第五，仿造器上所表现的金属细工工艺很发达，如嵌错金银丝的觚，嵌金银片和松石的牺尊，鎏金豆等等。

明代青铜器辨伪

明代的青铜器伪作与宋代有很多相似之处，如仿制的朝代都一样，都是仿商代至汉魏六朝的青铜器。但是也有一些独有的特色，如仿制的青铜

宋代青铜器

器上开始出现纪年。明代青铜器伪作与宋代青铜器伪作最大的不同是，出现了一些特殊形制的青铜器伪作。总体来讲，明代青铜器伪作具有以下几个方面的特征：

第一，主要仿商代至汉魏六朝铜器。

第二，仿制铜器种类有鼎、簋、甗、盉、敦（有球形的）、觚、觯、卣、罍、尊、瓿、壶、钟、砚滴等等。

第三，器上有的有纪年，写明本时代，如"嘉靖"；有的写古代纪年，如"元朔"、"建安"；有的器上有"某人造"款样，如"陈大声造"。

第四，出现了一些特殊形制的器物，如百环方形觚，有贯耳的觚，出戟大尊，长筒形觯，小球形敦。

第五，有错金银与鎏金器物。

第六，众所周知，宣德年间制作的宣德炉在历史上非常闻名，它的仿制

大明宣德炉青铜器

品历经明、清,以至民国,都不同程度地充斥市场。

所谓宣德炉即明宣宗宣德年间按照宣宗御旨为郊坛太庙所铸之供炉,当时同铸的还有大量的仿照宋《宣和博古图》诸书著录的器物,以及仿柴、汝、官、哥、钧、定名窑的瓷器式样铸造出的铜制鼎彝诸器。宣德炉制作极精美考究,明代天启时人项子京在《宣炉博论》一文中说:"其款式之雅,铜质之精粹,如良玉之百炼,宝色内涵,珠光外现,……迥非它物可以比方也。""珠光宝色,有若良金。"由此可见宣炉精美的程度。因此,各地文物单位和私人收藏的宣德炉数量都不少,但这些宣德炉很难确定为真品。这是因为自明代宣德以后,历经清代,下迄民国,曾大量制作了仿制品,赝品的数量大,与宣德炉的性质从初期的供炉而逐步变成文人雅士的鉴赏品、珍玩品有关。宣德炉在明代时,伪作数量已经很多了,真品很难见到,正如项子京所说:"真正宣炉绝稀,赝品恒众。"又《四库全书总目》在解说《宣德鼎彝谱》一

书时也谈到"宣炉在明世已多伪制"。由此可见，宣德炉的仿制品数量是十分惊人的。

总之，目前世上所存宣德炉中，很难见到宣德时制作的真品。我们期待今后能发现更多的宣德炉，从大量的实物资料中进一步作科学总结，将宣德炉的研究向前推进一步。

知识链接

河南辉县琉璃阁春秋大墓的发掘

辉县，位于河南北部，太行山南麓，也是晋豫交界之处。辉县历史文化悠久，商代即为王畿内地，周初武王世子凡伯封于此处，春秋时期又属卫国，因而辉县境内的古墓葬、遗址分布密集。

1935年至1937年间，中央研究院、河南博物馆在辉县进行了3次大规模、有计划的科学发掘。共发掘商代墓3座，东周时期大型贵族墓葬8座，中小型墓39座，汉代墓葬33座，出土文物数千件。其中又以琉璃阁墓地甲乙两座大墓出土的青铜器数量繁多，制作精美，尤为珍贵。

琉璃阁甲乙两墓为并列的两座东西向长方形竖穴墓，甲墓长约11米，宽约10.3米；乙墓长约9.1米，宽约7.6米。从墓室面积、随葬品的数量与种类等综合来看，甲墓的墓主应为男性，乙墓墓主为女性。当年主持发掘的郭宝钧先生认为这两座墓是夫妇异穴祔葬墓。据参与者回忆墓葬发掘的情景时说："四周殉器，铜器累累，周匝逼近人体，器上及墓底，满布漆绘，人体四周，玉饰之类，亦颇充牣。"虽然琉璃阁大墓为科学发掘，然而抗战爆发后，大量的文物和资料不得不辗转迁移，从而导致了甲乙大墓出土的原始资料丢失，文物也分散在海峡两岸的7个博物馆中。琉璃阁大墓的族属和墓主到现在依然是个谜，究竟是战国魏墓，还是春秋战国时的卫墓，抑或是春秋战国之际的范氏墓呢？考古学家们虽然可以触摸到那一件件真实的文物，然而它们背后的故事却在沉淀了千年之后，越发让人难以捕捉，正因此，对它们的一系列猜测和研究越发吸引着众多学者乐此不疲，这或许就是考古和历史的魅力吧。

清代青铜器伪作

　　清代青铜器的仿古作伪又进入了一个新发展时期。在这一时期，清朝政府实施文化专制政策，大兴文字狱，众多文人学士不敢问津时事政治，于是考据之风大起，对古铜器的鉴定、研究也开始走红起来。仿器也就有了更大的市场，这时的仿器无论在质量上还是数量上，都超过了明代。要鉴定清代仿古伪作，必须注意以下几方面的特征：

　　第一，清代仿器在铸造方法上采用分铸法，即将各部分分别铸成后，再按器物仿制形状加以焊接。在焊接前，一般都把各部分的铸痕磨掉。因此，清代仿器没有铸痕，但有焊缝痕迹。此外，清代仿器没有垫片，却有补痕。古代青铜器的垫片分布有规律，而清代仿器补痕分布却无规律可言。只是在铸造时，对于铜液未流到或因气孔而造成的缺陷，用锡焊加以弥补。如果将器物上的假地子和假锈去掉，就可以看到锡焊痕迹。

　　第二，清代仿器铜质泛黄，与黄金色相近。为使仿器具有真实感，艺匠们常给假器物作上黑地子，并打上蜡而冒充熟坑器物。

　　第三，清代宫廷仿器质量较高，并多以商周古器作标本，仿器造型大致与真器相似。如故宫藏乾隆年间仿周方鼎，其造型与周代方鼎基本相似，但假器棱角分明，扉棱笨拙，四足上有高凸的粗箍，器耳方正，不具周代特征。

第四，清代宫廷仿器常添枝加叶、画蛇添足，显得不伦不类。纹饰也常露败笔，如仿器上的兽面纹饰大都变形，以致影响到整个兽纹饰的图案。

最后，清代乾隆时期的仿古伪作多镶嵌、鎏金之器，并且制作精丽华美，工艺并不亚于两宋，但镶嵌繁杂，金、银、玉、石往往同在一器。故宫藏乾隆年间仿古鸟车尊，便是内务府造办处仿造的很好例证。故宫还藏有一件嘉庆十四年制兽首带钩，仅重0.14千克。带钩正面鎏金银龙纹，背面又铭13字，钮上还刻鎏金4字铭文。在这么小的器物上又施金又上银，还要铭文，太过于小题大做，根本不似商周器物的简洁流畅，判断这一器物为清代伪器太容易了。

第三节 著名青铜器欣赏

后母戊鼎

鼎，中国古代炊食器具之一，其起源可以一直追溯到原始社会新石器时代，目前已经发现的有7000多年前的陶制鼎。不过，"鼎"发展的最高峰出现在商周青铜时期。

此鼎因其腹内壁上有铭文"后母戊"三字而得名，是商王祖庚或祖甲为祭祀其母所铸。它是目前已知的中国古代最大最重的青铜礼器，堪称是青铜界的"巨无霸"。鼎身呈长方形，深腹平底，口沿上有两个立耳，腹下有四柱足（上部中空），鼎身四周饰以云雷纹为地纹的兽面纹及夔纹，中间为素面，四面交接处饰以扉棱。鼎耳外廓饰双虎食人头纹，耳侧以鱼纹为饰。鼎足在三道弦纹之上各施以兽面。该鼎通身硕大厚重、庄严肃穆、纹饰华丽、工艺高超，显现出不可动摇的气势。

后母戊鼎的鼎身和鼎足为整体铸成，不过鼎耳是在鼎身铸好后再装范浇铸的。据计算，铸造这样高大的铜器，所需金属料当在1000千克以上，且必须有较大的熔炉。经测定，后母戊鼎含铜84.77%、锡11.64%、铅2.79%，其他0.8%，这与古文献记载制鼎的铜锡比例基本相符。后母戊鼎充分显示出商代青铜铸造业宏大的生产规模和高超的技术水平。

作为世界上最大的青铜礼器，后母戊鼎在其造型、纹饰、工艺上均达到极高的水平。它是商代青铜文化顶峰时期的代表作，也是中国青铜文明的典型代表。

后母戊鼎是在1939年3月，被河南安阳农民吴希增在武官村北的农田中偶然探寻到的。当时大如马槽的大方鼎的口朝东北，横斜在泥土里。不过最初发现时，它只有一个鼎耳，另外一只怎么也没找到。当时安阳已被日寇侵占，村民为了不使司母戊鼎落入日寇手中，于是又将它重新掩埋起来。

后母戊鼎

抗战胜利后，安阳农民在1946年4月又将后母戊鼎重新挖出。1948年夏，在南京首次公开展出，蒋介石在当时曾经亲临参观并在鼎前留影。蒋介石败逃台湾时，曾试图将其运到台湾，不过终因其分量太重而没有实现。中华人民共和国成立以后，后母戊鼎归南京博物院收藏，1959年，中国历史博物馆新馆建成，该鼎被转交中国历史博物馆至今。因方鼎一只失去的鼎耳一直没有找到，专家们便仿照另一只鼎耳的样式将它补铸上去。

中国历史博物馆为配合安阳殷墟申请联合国"世遗"评估行动，曾在2005年9月下旬将后母戊鼎运回安阳殷墟博物馆展览近4个月，安阳市举行了盛大的迎接仪式，当时几乎是万人空巷，热烈欢迎阔别家乡59年的宝鼎回家。目前，新国博6项免费展览中，就有不设展柜的后母戊鼎展，虽然对每天参观人员有数量限制，但仍有无数游客慕名前往，争相一睹国宝尊容。

四虎铜镈

镈是一种古代乐器。四虎铜镈是1985年当地农民在挖房基时发现的。其口顶之平面均呈椭圆形，顶中央有一小方形孔，纽呈倒U形，镈上饰云雷纹，非常精美。

此镈附饰两对扁身虎，虎通长15.8厘米，翘尾咧嘴，两两追逐而下，一眼望去，下山虎的威风扑面而来。正、背两面中部各附凤鸟一只，鸟身长20.3厘米，高冠、卷尾，意欲凌空。鸟身和虎身依部位不同而勾勒有阴线纹，鸟饰与虎饰正好构成四条对称扉棱。近顶、口部位各有一圈纹饰，分别饰乳钉8枚，乳钉之间饰近似米粒的小圈点，每5个一组，构成梅花点形。在镈左右两侧自上而下有一道明显铸痕，纽与四虎正好铸在这道铸痕上。由此推测，镈的主体部分由前后范分铸，纽、虎饰、鸟饰则是分铸好再焊接上去的。

经专家考证，这种形式的铸具有浓郁的商末周初的风格。据统计，目前所知传世或出土的商周铜铸约有近20件，一般为单出

四虎铜镈

或出土窖藏，确知地点的有 6 件左右，其中仅一件出于陕西岐山，其他则集中在湘水流域及邻近地区，而此件是惟一一件确知其出土地点的。

铙是大型单个打击乐器。贵族在宴飨或祭祀时，常将它同编钟、编磬相配合使用。其特点是环钮、平口，器身为椭圆形或合瓦形。

铜铙是商周时期常见的青铜乐器之一，"四虎铜铙"属于年代最早的一类铜铙。古代文献中的"铙"有一种含义即为大钟，如《周礼》中的"铙师"，郑玄注曰："铙，如钟而大。"可见铙的一般形制略如钮钟，但又有不同，往往形体较大，腹微鼓出，器身呈椭圆形或合瓦形。

早期的铙体四面各有一道垂直的扉棱，或两侧带有鸟、虎等纹饰组成的扉棱。先秦时期有特铙与编铙之分。特铙为大型单个打击乐器，一般只能发出一到两个音，而且声音浑厚，贵族在宴飨或祭祀时，常将它同编钟、编磬相配合，作为节奏性的乐器使用，用来加强乐曲的重拍和主音；编铙有大型和小型之分，用以演奏乐曲或伴奏。自春秋以后，铙的扉棱逐渐消失，形体也渐小，小型编铙逐渐流行而与编钟相抗衡。约自唐宋以来，不少编钟逐渐改取铙的形制，于是导致钟铙不分，铙名亡而实存，后逐渐消失。

鸟纹三戈

鸟纹三戈是指大且（祖）日己戈、且（祖）日乙戈、大兄日乙戈 3 件青铜兵器，是我国目前已知最早的青铜铭文兵器。其最早著录于罗振玉的《梦郼草堂吉金图》。

大且日己戈：援长 17.8 厘米。直援微胡，脊微隆起，阑上下出齿，内作镂雕歧冠鸟形。援上铸铭文 22 字，释文为："大且（祖）日己、且（祖）日丁、且（祖）日乙、且（祖）日庚、且（祖）日丁、且（祖）日己、且（祖）日己"。

且日乙戈：援长 17.4 厘米。直援微胡，脊微隆起，阑上下出齿，内作镂雕歧冠鸟形。援上铸铭文 24 字，释文为"且（祖）日乙、大父日癸、大父日癸、中（仲）父日癸、父日癸、父日辛、父日己"。

大兄日乙戈：援长17.5厘米。直援微胡，脊微隆起，阑上下出齿，内作镂雕歧冠鸟形。援上铸铭文19字，释文为："大兄日乙、兄日戊、兄日壬、兄日癸、兄日癸、兄日丙"。从铭文看，他们可能都是反映以干日为祖先庙号并以此庙号干日为祭日的一种制度，作器者当是后世所谓"大宗"，三戈铭文实际就是作器者家庭的三代祭谱，是一部以男子为世系的家族谱牒。其内容为文献资料不甚丰富的商代史研究，提供了极为重要的信息。

三戈当为商代时候北方侯国之器，三戈铭文都在直援上，分别列祖辈、父兄辈名字。共记有作器者诸祖8人、诸父6人、诸兄6人，且行文齐整，文

唐代花鸟人物纹青铜镜

字整饬，这在殷商金文中非常少见。

　　王国维先生曾撰《商三句兵跋》，以为"此当是殷时北方侯国勒祖父兄之名于兵器以纪功者"。史学家陈梦家先生则以为，三戈是"陈设用的仪仗"。此后，张光直、金景芳、史树青等诸多专家学者对此器也多有研究，有精辟论述。

　　就其用途，史学家陈梦家先生认为："铭文顺读时，刃向上，可知此等铸铭的戈不是实用的，而是陈设用的仪仗。"当代著名史学家李学勤先生也指出是"商朝北方诸侯之器"，而这诸侯是属于商文化范畴内的诸侯，不是只受商文化影响的异族诸侯。并认为这3件戈铭，实际上是记录三代人的谱系。由此可知此三戈为兵器中的礼器，装柄后可作贵族举行各种典礼时的仪仗，又可作为忌日的谱牒。

　　《尚书·顾命》记西周成王将崩，命召公、毕公相康王，既崩，二公率诸侯与康王见于先王庙，当时的仪仗"四人綦弁，执戈，上刃，夹两阶户巳"。可见仪式上戈的用法是刃向上，从而失去了兵器的作用，而成为仪仗用的礼兵。

　　此三戈当为研究商代金文书法艺术、疆域范围、宗法制度以及亲族称谓的重要实物之一，其价值不言而喻。

知识链接

青铜时代

　　青铜时代，又称青铜器时代、青铜文明，在考古学上是指以使用青铜器为标志的人类文化发展的一个阶段。

　　丹麦考古学家朱根森·汤姆森在1836年时提出古代社会的历史分期，

第五章 独具慧眼——青铜器鉴赏

共分为石器时代、青铜器时代与铁器时代。

青铜时代的特色是青铜的广泛使用，即利用铜与锡、铅、锑或砷的合金制作工具和武器。

青铜时代在古代近东，开始于苏美尔文明在公元前4000年的崛起。一些认为古代近东是人类文明的摇篮，它实践了精耕细作的全年农业，发展了一套文字书写系统，发明了陶工旋盘，创造了一个中央集权的政府，制定法典，出现了社会阶层，奴隶制度，和有组织的战争。该地区的社会发展为天文学和数学的发展奠定了基础。

中国最早提出"青铜器时代"观念的是张光直院士，他在《中国青铜时代》一书中明确指出夏、商、周三代为鼎盛期，而后还有春秋战国时代。

在青铜时代，中国已经建立了国家，有了发达的农业和手工业，并且汉字也已经发展成熟。

双羊尊

双羊尊通高45厘米，构思奇特，制作精绝。

此尊造型为双羊相背而立，各有一首，却皆只有双足，因为羊身从中段便合为一体了。这种简化的造型，在视觉效果上给人以强烈的感受。突出了羊的神性，使其超凡脱俗的气质得到了极端的体现。羊背载一圆筒，敞口。羊角盘曲，双目前视，颌下各蓄有卷曲长须。躯体丰腴壮硕，腹部滚圆凸出。神情悠闲，怡然自得。

此羊尊体现了商人精巧的构思，这不仅表现在对羊体大胆的取舍上，也表现在对其造型写实与夸张的结合上。从羊的外形说，造型是写实的，它各部位的比例相当准确，但羊毛却被遍体的鳞片纹取代了。而且两膊间各有一翼这又像是天上的神物了。

这件商代双羊尊无比精美，代表了我国青铜艺术的辉煌成就，现藏于英国博物馆，另有一件藏于日本根津美术馆。

晋侯鸟尊

晋侯鸟尊出土于第一代晋侯燮父的墓地。此尊整体为一伫立回首的凤鸟形像。其头微昂，圆睛凝视，高冠直立。禽体丰满，两翼上卷，鸟背依形设盖。在凤鸟的背上，一只小鸟静静相依，双腿粗壮，爪尖略蜷，并且成为鸟尊器盖上的捉手。凤尾下设一象首，可惜象鼻残缺，依据象首曲线分析，象鼻似该内卷上扬，与双腿形成稳定的三点支撑。

凤鸟颈、腹、背饰羽片纹，两翼与双腿饰云纹，以雷纹衬地，尾饰华丽的羽翎纹。鸟尊的盖内和腹底铸有铭文"晋侯乍向太室宝尊彝"，可证其确为宗庙礼器。

鸟尊造型写实、生动，象鼻艺术的回旋与凤鸟的双足构成稳定的三足鼎立，纹饰华丽、制作精美、构思奇特、装饰精致，是一件罕见的艺术珍品。

国宝级文物青铜鸟尊，是唐叔虞之子晋侯燮夫所拥有的一件高规格祭祀礼器。现已是山西博物院的"镇院之宝"，收藏于山西博物院"晋国霸业"展厅。山西省博物院从建院之初，就将晋侯鸟尊作为博物院的标志物。

鸟尊所在的晋侯墓地是一处西周大型的组墓，共有九代诸侯及10位夫人的墓葬。三晋孕育出古老的晋文化，成为华夏文明的重要分支。而凤鸟——这种被视为祥瑞的动物在晋文化中曾经扮演着相当重要的角色，与古老的晋

双羊尊

第五章　独具慧眼——青铜器鉴赏

国结下不解的情缘。在山西博物院馆藏的众多西周文物精品中，我们不难发现，各种鸟纹装饰的玉器、青铜器随处可见。可见，在周人的意识里，凤鸟是一种象征吉祥的动物。

《周礼·春官·司尊彝》记载，古代祭祀礼器中有所谓的"六尊六彝"，"鸟彝"即为其一。在此器中，鸟与象这两种西周时期最流行的肖形装饰完美组合，使之成为中国青铜艺术中罕见的珍品。傲然站立的凤鸟尊，展现出一种蓬勃向上的生机与活力，从中我们仿佛能看到那个辉煌的、充满霸主气息的古老晋国。

鸟尊

大克鼎

　　大克鼎为圆形，三足，高93.1厘米，口径75.6厘米，重201.5千克。形体之大，为西周铜器所少见。它是西周时代重器，而且历见著录。鼎立耳，口沿下饰变形兽面纹，中又饰小兽面纹，并有觚棱凸棱。整个造型庄严厚重。腹内铸铭文290字，铭文行间皆有线相隔，笔势圆润，且字体之工整，为西周罕见。铭文内容则是研究西周土地制度和官制的重要资料。

　　此鼎于1890年在陕西扶风出土，为当时的工部尚书潘祖荫重金购得，百般珍爱。潘祖荫死后，其弟将此鼎运回苏州老家供放。后有美国人以巨款求购，被潘氏后人断然拒绝，视之为传家之宝。1937年苏州沦陷，主持家务的孙媳潘于达智慧过人，果断地与家人将此鼎秘密埋入后屋。后日军果然不断来潘家求索此鼎，有时一天竟来七次之多，终于未得。新中国成立后，潘于达将此鼎捐献给国家，从1952年至今，此鼎一直珍藏于上海博物馆。

155

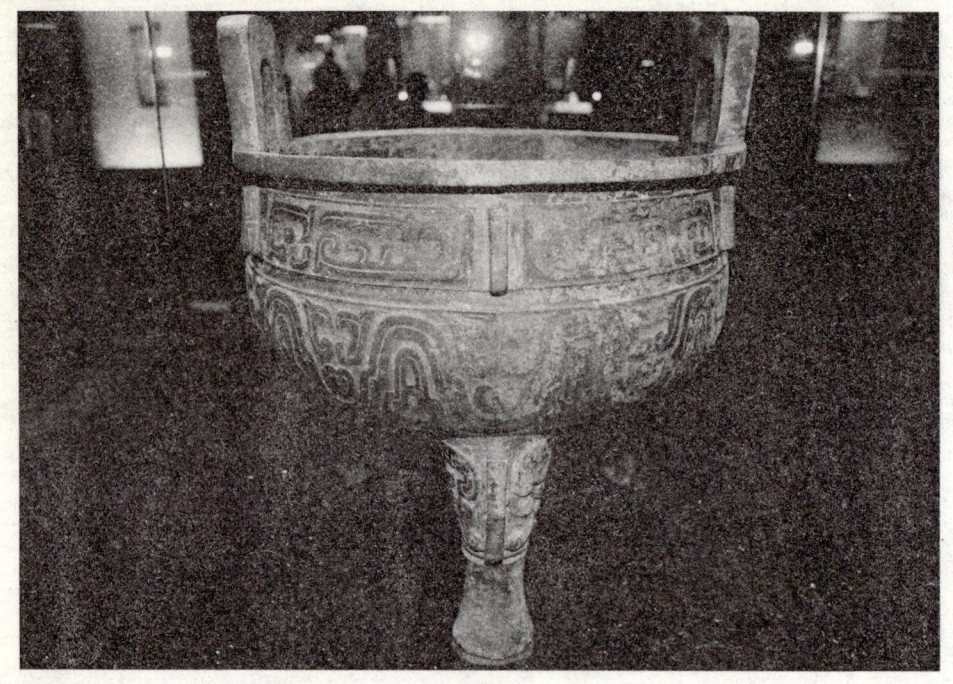

西周克鼎

毛公鼎

毛公鼎是西周晚期宣王时期的一件青铜重器，因制器者为毛国的毛公而得名，被称为清代后期出土的"四大国宝"之一，位列台北故宫博物院十大镇院之宝。

毛公鼎器形作大口，半球状深腹，兽蹄形足，颈部的两道凸弦纹之间饰以精美的重环纹。口沿上树立形制高大的双耳，浑厚而凝重，整个器表装饰十分整洁，在凝重之中透着素朴和典雅，洋溢着一股清新庄重的气息。

毛公鼎最为著称于世的，是其32行497字的长篇铭文，这是迄今古青铜器铭文中最长的一篇。这是一篇完整的"册命"，记述了周宣王给他的近臣毛公的任命和勉励。要知道毛公鼎出土的时候，青铜器不但要以质地、古旧程度论价，还要按照铭文的字数加价，一个字可以加一两黄金，其价值可想而知。

金文发展到西周晚期周宣王时代，已臻登峰造极之境，《毛公鼎》就是这个时期的杰作。郭沫若先生曾赞曰："泱泱然存宗周宗主之风烈……抵得上一篇《尚书》。"这也是台北故宫三宝中历史最久远，也最具知名度的一件器物。

尽管毛公鼎的造型、纹饰较之其他商周青铜器，显得简朴，但其铭文的篇幅却是青铜器之最，铭文完整，古奥典雅，是西周散文的代表作。其之最，非仅在字数之多、训诰辞华之美，内容也极为重要，是研究中国冶金史、文字史和西周史不可或缺的极为重要的史料。

这是一篇册命辞。首先追述文武二王政治清平的开国盛况，接着指出当下时局不安，国势不顺；当此危急之际，宣王册命毛公治理邦家内外，并授予他宣示王命的专权，并告诫他要勤政爱民、以善从政、修身养德；最后为确立毛公的权威，重赏以仪仗、车马、兵器等器物。毛公感念宣王之恩，作器铭记其事。499字，语重心长，表达了周宣王孜孜图治的决心，再现了宣王中兴王室、任人惟贤的盛景。

同时，其铭文字体结构方长庄重，线条的质感非常饱满，笔法端严遒劲，气势浑厚肃穆，极具美学价值，是成熟的西周金文风格，也是一篇金文书法的典范。自出土以来，清末书法家们无不为之倾倒。清末大书法家李瑞清就曾说："毛公鼎为周庙堂文字，其文则《尚书》也；学书不学毛公鼎，犹儒生不读《尚书》也。"

毛公鼎于清道光年间在陕西岐山出土，据说是某董姓村民在田中偶然挖得，后屡经转手，终为西安古董商苏亿年所得。1852年，金石学家、收藏家陈介祺

毛公鼎

从苏亿年之手购得，此后深藏密室，鲜为人知。陈介祺病故后，此鼎归当时两江总督端方所有。端方死后，此鼎几经辗转，落于时任北洋政府交通总长的大收藏家、后来国学馆馆长叶恭绰手中。

1937年抗战爆发，叶恭绰避走香港，将它托付给其侄叶公超，并嘱咐他："不得变卖，不得典质，更不能让它出国。有朝一日，可以献给国家。"毛公鼎在叶公超等的保护下，于1941年夏秘密把它带至香港。不久后，香港被日军攻占，叶家又只好托德国友人将鼎辗转运回上海。因生活困顿，叶家无奈将其典押给银行，后由钜贾陈永仁出资将之赎出。1945年，抗战胜利后，陈永仁将毛公鼎捐献国家，隔年由上海运至南京，收藏于中央博物馆。

1948年，国民党退守台湾，大量南京故宫博物院珍贵文物迁至台北，毛公鼎亦在其中。1965年，台北故宫正式落成，毛公鼎成为台北"故宫博物院"的镇馆之宝之一。与翠玉白菜、东坡肉形石并称为"故宫三宝"。

知识链接

青铜器伪造史

青铜器的伪造在宋以前即存在，但伪器较大量的出现尚始于宋代。当时金石学的兴起，固然促进了对古代青铜器与金文的研究，但公私收藏之风的兴盛，也使青铜器买卖成为古董商人逐利之手段，伪造之器应运而生。今日研究青铜器的学者们多认为，宋代宫廷既大量仿铸古铜器，自然就培养出一批作伪器的高手。

宋代赵希鹄《洞天清禄集》中有《古钟鼎彝器辩》一节，曾提到伪古铜器作假色泽与假锈的方法，可见铜器作伪在宋代时已发展为一专门的技术。元明两代亦有铸造伪铜器的，明人曹昭在《格古要论》卷六中有"伪

第五章 独具慧眼——青铜器鉴赏

古铜"一小节，专讲伪铜器作假锈色之方法与辨别要点。显然当时作伪铜器与鉴别真伪皆已有相当经验。此外，明人高濂在《论新铸伪造》曾记载，元代时杭州姜娘子、平江（今苏州）王吉二家即为当时铸作名家，其"制务法古，式样可观"。所制器或亦有被充作古青铜器流入市场的。宋至明历代伪制品中较精致者，在清代甚至充斥于内府，故乾隆时所编专著录内府藏器的《西清古鉴》、《宁寿鉴古》、《西清续鉴甲编》与《乙编》四书（旧称"西清四鉴"。现学者或称"乾隆四鉴"），有铭之器1176件，容庚先生认为其中伪器与可疑器近42%，其中虽有因未亲见而估计不当者，然此种估计总不致太过分。

清乾隆以前之元明两代与清初伪造技术较低，器形、纹饰多仿照宋人青铜器著录书籍中的图像，铭文亦多属杜撰，故伪器较易辨识。清乾隆之后，金石学复兴，此时的情况正如徐中舒先生所描述的："一般学士大夫们对于铜器的观念，跟着也就推进一点。他们要利用这些器铭来解释文字，证明经、子，他们买一件古董，总要注意它有字没字。这中间价钱当然差得很远。"有铭青铜器价值远高于无铭器，这一事实进一步刺激了一些古董商与作伪者渔利之心，乃多于真器上增刻假铭，一般是根据真器铭仿制、照搬，间或亦有改造、拼凑。与此同时，整体铸造伪器、伪铭之作伪业也渐于山东潍县、陕西西安等地形成中心。

民国以后，古青铜器出土甚多，提供了大量真器范本，加之历代作伪技术不断积累，至此时已近于炉火纯青的地步，特别是这时候青铜器海外市场被开拓，于是作伪的水平与数量均大大超过前代。此外，作伪的区域性中心也增多起来，上海、北京均集中了一批作伪高手，除于真器增制假铭外，全器伪造亦较多见。今日国内外公私文物收藏者所藏伪制青铜器，有相当大的比例即是民国时期制作的。

曾侯乙尊盘

曾侯乙尊盘是春秋战国时期最复杂、最精美的青铜器之一。尊是盛酒器，盘一般作水器用，此器将两者合二为一。同时整套器物纹饰繁缛，穷极富丽，其精巧达到了先秦青铜器的极点。

尊敞口，呈喇叭状，宽厚的外沿翻折，腹下垂，圈足。尊颈部饰蕉叶形蟠虺纹，蕉叶向上舒展，与颈顶微微外张的弧线相搭配，和谐又统一。在尊颈与腹之间加饰4条圆雕豹形伏兽，躯体由透雕的蟠螭纹构成，兽沿尊颈向上攀爬，回首吐舌，长舌垂卷如钩。尊腹、高足皆饰细密的蟠虺纹，形似朵朵云彩上下叠置，其上加饰高浮雕虬龙四条，层次丰富，主次分明。

盘为直壁平底，四龙形蹄足口沿上附有四只方耳，皆饰蟠虺纹，与尊口风格相同。四耳下各有两条扁形镂空夔龙，龙首下垂。四龙之间各有一圆雕式蟠龙，首伏于口沿，与盘腹蟠虺纹相互呼应，从而突破了满饰蟠螭纹常有的滞塞、僵硬感。出土时尊置于盘内，两件器物放在一起浑然一体。

尊与盘精美细腻的镂孔附饰，玲珑剔透，精巧华丽，系用失蜡法所铸。其铸造上的高度技巧，有鬼斧神工之妙。这对研究中国青铜器铸造、青铜艺术发展史和古代冶金史，都具有十分重要的意义。

此器将两器合二为一，融尊盘于一体，极其别致。接合方法有铸接、焊接，因部位不同，焊接方法也不同。尊是由 34 个部件，经过 56 处焊接与

曾侯乙尊盘

铸造；盘则是由 38 个部件，经过 44 处焊接而连为一体，采用部件之多，焊接之繁，实属罕见。

这件尊盘最为惊人之处，在于其鬼斧神工的透空装饰。器装饰表层彼此独立，互不相连，而由内层铜梗支撑，内层铜梗又分层联结，参差错落，玲珑剔透，令观者凝神屏息，叹为观止。

越王勾践剑

在中国古代的兵器世界里，有"十八般兵器"一说，其中轻灵飘逸，以柔克刚的宝剑堪称兵器之首。而"越王剑"，无论是外部形制，还是质料搭配，都是历代宝剑中罕见的珍品，当之无愧地成为我国兵器制造史上不朽的杰作和传奇。

此剑出土于望山一号楚墓，出土完好如新，锋刃锐利。剑首向外翻卷呈圆箍形，内铸 11 道极细的同心圆圈。其剑身上装饰着菱形花纹，剑格向外凸出，正面用蓝色琉璃、背面用绿松石镶嵌出美丽的花纹，精美异常。正面有两行鸟篆铭文"越王勾践，自作用剑"。通过郭沫若等专家对剑身铭文的解读，证明此剑就是传说中的越王勾践剑。

尤为神奇的是，此剑出土时，尽管已在地下埋藏了 2000 多年，但居然毫无锈蚀，寒光耀目，熠熠生辉，且依然锋利无比，用这把剑可以把 20 余层纸轻松地一划而破。据当时发掘者回忆，一名开采队员一不留神就将手指割破，血流

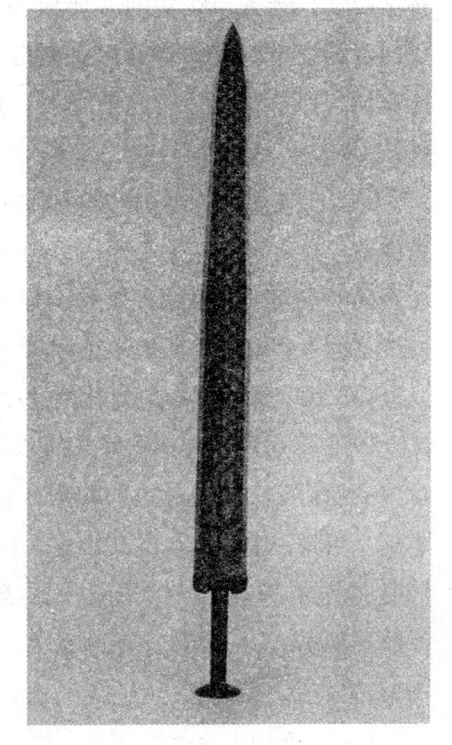

越王勾践剑

不止。

勾践是2400多年前春秋末期越国的国王，越被吴国打败后，勾践不甘沉沦，而是发愤图强，十年生计，十年教训，终于打败了吴国，也留下了"卧薪尝胆"的千古传奇。据《吴越春秋》和《越绝书》记载，越王勾践曾特请龙泉宝剑铸剑师欧冶子铸造了5把名贵的宝剑。其剑名分别为湛庐、纯钧、胜邪、鱼肠、巨阙，都是削铁如泥的稀世宝剑。史书评价其："肉试则断牛马，金试则截盘。"可见所言不虚。

俗话说："快刀不用黄锈生。"人们由此不禁要问，越王勾践剑缘何历经千年却丝毫不见锈斑，仍是锋利如昔？

经专家研究，越王勾践剑千年不锈的原因之一，是因为剑身经过硫化处理。根据1977年12月上海复旦大学静电加速器实验室等有关专家进行的科学测定，越王勾践剑的主要成分是铜、锡以及少量的铝、铁、镍、硫组成的青铜合金。且剑身的黑色菱形花纹是经过硫化处理的，硫化铜可以防止锈蚀，保持花纹长时间的艳丽，这充分显示了当时越国铸剑工匠高超的技艺。

除了工艺超群，越王勾践剑千古不锈，与其保存的方法也有很大的关系。在望山一号楚墓中，椁室四周以及下部均以白膏泥填充，使墓室几乎成了一个密闭的空间，同时墓葬所处的荆州附近的漳河二干渠，地下水位较高，导致该墓的墓室曾经长期被地下水浸泡，从而基本隔绝了墓室与外界之间的空气交换，大大减缓了宝剑氧化的速度。

1973年6月，在日本举办的"中华人民共和国出土文物展览"，展出的众多文物精品中就有越王勾践剑，它精湛的工艺一时震惊日本，让人们过目不忘。当时，中国著名的文学家、历史学家郭沫若先生专门为越王勾践剑和同时展出的另一件宝贵文物——银缕玉衣，做了一首诗："越王勾践破吴剑，专赖民工字错金。银缕玉衣今又是，千秋不朽匠人心。"

知识链接

历尽劫难的西周青铜大克鼎

大克鼎的最初主人是克，西周孝王时的膳夫，专管周天子的饮食，属于"天官"。克的祖父师华父是周室重臣，辅弼王室，德厚功高。周天子感念师华父的功绩，就任命克为出传王命、入达下情的宫廷大臣。官职爵禄世袭，单传嫡长子、孙。克知道自己的一切都得之祖父的余荫，于是做了这个大鼎，用来祭祀祖父师华父。这铭文是周天子把土地赏给臣民的记录，对于西周的土地制度、社会制度的研究，都提供了极其珍贵的史料。

说到此鼎的收获就要提到潘达于，她1903年出生在苏州，原姓丁，1923年出嫁到潘家。因丈夫潘承镜早逝，为了掌管门户，守护家财的责任，改姓潘，名达于。潘达于说过，大克鼎曾多次被贼觊觎。有一次在花园围墙下草丛里，发现藏着四麻袋青铜古董，这分明是偷贼来不及运出的文物。青铜器最大最重的要数西周克鼎和盂鼎。潘达于从祖父那里得知，克鼎是祖荫公得自天津柯氏。盂鼎原是左宗棠之物，他为了报答祖荫公营救之恩赠送的。这两件稀世宝物后来被外国人知道在潘家，他们曾经派人来试探，说是愿意用六百两黄金外加洋房作交换，但一想起祖年公曾叮嘱这些珍贵文物来之不易，要妥加保护，传给子孙后代，便一口回绝。传说日本军国主义者占领苏州时，为了得到大克鼎和大盂鼎，在潘家中掘地三尺，由于潘达于周密保护，他们也没能得到。

1949年5月，苏州、上海相继解放，8月即专门成立了上海市文物管理委员会，颁布了一系列保护文物的法令和政策。1951年7月，已经从苏州移居到上海的潘达于致函华东军政委员会文化部，愿将两大鼎呈献。后此鼎被上海博物馆收藏。

秦始皇铜车马

此器为秦始皇陵西侧地下约7米处挖掘出土的两辆大型铜车马之一，为"二号铜车马"。器高104.2厘米，全长328.4厘米，马高92厘米，总重约1200千克，尺寸为车马实际大小的一半。出土二车均为单辕，四马，单御者编制。一号车为伞盖，驭手呈站立姿势，其伞盖为圆型，车厢为方型，取天圆地方之意；二号车为篷盖，驭手作跪姿。

此器结构完整，挽具齐全，装饰物和一些小型构件由金银制成，显得富丽堂皇。铜车结构十分精密，镂雕成菱形花纹格的车窗启闭自如，金属鞍辔上雕有精美的花纹装饰，辔绳婉转灵活。整个车通体彩绘，工艺精湛，气势恢弘。

秦始皇铜车马

第五章 独具慧眼——青铜器鉴赏

此器分为前后两部分，平面呈凸字形，通长126厘米。前室呈方形，跽坐一个御者，戴冠束带，腰间佩剑，双手揽辔，神情专注，衣纹稠叠，富有质感。面部敷以白色，唇颊粉红，白领绘有朱红色菱形花纹。后室为车主人乘卧处，上有椭圆形华丽篷盖，四周有彩绘厢板，后部有可启闭的单扇门扉，前部和左右两侧各有窗户可推拉，雕饰菱形花纹。窗户镂孔，使车内通风，还可以向外观景。

四匹铜马饰有大量金银构件，造型基本相同，又在统一中加以适当变化。

此器反映出秦代青铜器工艺制作的高超水平，是目前发现年代最早、形体最大、保存最完整的青铜车马，对研究中国古代车马制度、雕刻艺术和冶炼技术等具有极其重要的价值。

知识链接

花样百出的仿古锈

为仿品上锈是现代青铜仿古工艺中非常关键的一道工序，锈蚀仿造的相似程度，直接决定仿造是否成功。所以仿造者就要用各种方法来仿古锈。笔者经过长期的观察，将常见的做法可归为以下几种：

（1）种植锈：将酸、碱、盐等各种化学药品掺和金属粉涂抹到仿品表面，然后再埋到土里来"种植"伪锈。

（2）胶着锈：用胶水、松香、白芨浆、清漆等胶状物调配各种矿石粉、颜料，涂抹到铜器上。或从别的古铜器上取下真锈拌入清漆或胶水中涂抹到仿古铜器上。

（3）烧熔锈：将调制好的矿物颜料在铜器表面烧熔，这些被熔化的颜料在降温后凝固在铜器的表面。

（4）电镀锈：用类似工业中金属表面电镀技术在铜器表面镀"水银皮"或"黑漆古"等皮壳。

　　（5）将动物尿液、粪便或农用化肥与泥土掺和，涂抹到仿品表面后埋到土里。

　　（6）移植锈：将古铜器上的古锈移植或镶嵌到仿品表面，再用上述的各种方法组合作锈。

　　尽管作假锈的方法五花八门，但不外乎物理上锈、化学上锈两类方法。但这种年轻的新锈与古铜锈存在根本的区别，如果用显微镜或其他仪器来分析，区别会更明显。

昭明透光镜

　　汉代是铜镜发展的高峰期，其造型规整，纹饰布局大方端庄，造型清晰美观，现保存完好的昭明透光镜便是一个极好的例证。

　　昭明透光镜全称应为"两汉内清以昭明透光铜镜"，为圆形，镜面微凸。打磨光亮，背面中间有半球形圆钮，下有圆钮座，钮座外环绕有一凸起宽素带，带外饰纹为内向八连弧纹。外圈饰纹以铭文带为王，铭文带内外各饰有锯齿纹一周，铭文共21个字，为："内清以昭明，光象夫日之月口不泄。"每二字间夹垫一"而"字，共7字，应为装饰之用，并没有实际文字含义。

　　该镜还是透光镜，所谓透光镜，即其外形尽管与一般铜镜无异，但当光线照射镜面时，在墙上可以反映出与镜背铭文和纹饰相应的影像，甚为珍贵。透光镜是两汉时期发明的，有多枚传世，其"透光"效应的原理也是很复杂

第五章　独具慧眼——青铜器鉴赏

的，充分显现出2000多年前中华民族深邃的智慧和文化。

透光镜发明于西汉，其神奇之处就在于如果用强光或聚光照射在镜面上，镜面的反射光线就会把镜背的图案像相片一样反射出来。

这种镜子是非常珍贵和罕见的，隋唐之际王度的《古镜记》、宋周密的《云烟过眼录》等，都有关于透光镜的记载。

昭明透光镜

很明显，青铜是不能透过光线的，但是为什么会产生这种奇怪的现象呢？由于这种制镜技术失传已久，大家都不甚了解，对这种透光现象均觉得神秘莫测，难以解释。1961年，周总理到上海博物馆视察工作时，对透光镜就非常感兴趣，他关切地询问这是什么原理，并当即提出："为什么会透光，要研究。"事后，上海博物馆和一些有关科研单位的同志共同协作，经过不断试验，终于取得了良好的成果，成功地复制出了具有透光效应的铜镜。

原来，西汉透光镜的镜面，由于镜体在浇铸冷却的过程中，铜镜内部所形成的铸造应力的反应不同，而镜背由于特殊的花纹，因此在凹凸处冷却的收缩率也不相同，这在镜面产生了与镜背花纹相对应的用肉眼无法察觉的微小起伏。而研磨时又产生压应力，因而形成弹性形变。研磨到一定程度时，这些因素叠加发生作用，使镜面产生与镜背花纹相应而肉眼不易察觉的曲率，引起了"透光"效应。

我国古代的科学家和铸工，受到当时条件限制，虽然不能说清这种铸造应力和研磨时的压力所造成的青铜镜的透光现象，但在生产实践中，却掌握了铜镜透光工艺，并能有效地铸造出来，这充分体现了我国劳动人民的智慧和创造能力。

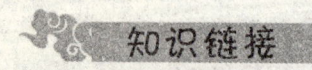

青铜器老锈新锈的区别

由于所经历的环境和时间长短不一,仔细分辨还是能发现不少老锈和仿造新锈的区别。

首先从锈蚀的层次上看,古铜器上生长的是陈年自然锈蚀,其锈蚀有明显的层次,一般从外到内纵向分为锈土结合层、主体锈层、地子锈层。锈土结合层上常见铜器锈蚀与地下环境中的附着物,如泥土或炭化后的草木屑等;在锈土结合层的下面有一层绿色或蓝色的结晶锈就是主体锈层;在主体锈层以下就是紧贴铜器的黑色或红褐色的氧化膜层,即低子锈层。这3层锈蚀次序分明、排列合理,有的古铜器没有锈土结合层,甚至没有主体锈层,但是决不能没有低子锈层,这对于分辨老锈新锈十分关键。而大多数仿古青铜器由于其经历的时间较短,通常只有一层浮锈,颜色单一、结构松散、附着较差,如果去掉浮锈会直接露出新鲜的铜体。

其次从锈蚀所呈现的形态来看,古铜器所经历的环境十分复杂,除了在使用过程中所经受的损坏、侵蚀,还有诸如大气腐蚀、土壤腐蚀、疲劳腐蚀等。这一系列的物理、化学作用在不断地改变着青铜器,在其表面形成各种形态的锈蚀,锈蚀随着时间的推移,也在不断地变化着。可以说古铜锈蚀的产生是在漫长的时间长河里,人为的、自然的;必然的、偶然的各种因素共同作用的综合结果,这些因素与铜器相互影响、相互制衡,呈现出自然与协调的风貌。仿古铜器则不然,其锈蚀一般有化学腐蚀锈与胶着锈两大类。有些仿造者用食盐、食醋、硫酸、盐酸等化学药品来腐蚀铜

第五章 独具慧眼——青铜器鉴赏

器，或者将新仿的古铜器放到潮湿的地下埋几年，虽然铜器的表面在剧烈的化学作用下也会产生铜锈，但是这些锈蚀只是短时间内产生的年轻锈蚀，并没有经历过漫长复杂的氧化过程，不会表现出那种协调与自然，仿造者便想尽各种办法为它化妆，使它看起来像经历了几千年的岁月沧桑，这显然无济于事。

勾连云纹敦

敦是古代用来盛放黍、稷、粱、稻等饭食的器皿，由鼎、簋的形制结合发展而成。

此敦属典型的楚式敦。1974年于湖北省秭归斑鸠窝1号墓出土。敦体球形，除盖口有三个衔扣卡口外，上下两部分的大小、形制、纹饰完全相同。器底、盖顶均为三兽首形纽，口部相对四个环形纽。纹饰各有四周，器底、盖顶饰涡纹，器腹主体纹饰以波曲状云纹为间隔，满饰两周勾连云纹，并以镶嵌物填充地纹。整器铸成后经过仔细打磨，铸缝几乎观察不到，非常精细。

敦上所饰的勾连云纹是战国早、中期流行的装饰纹样，它主要装饰在壶、缶、樽等器类之上。1988年，当阳季家湖出土的一件勾连云纹缶的纹饰特征与秭归这件敦完全相同，不过楚式敦器的器表常为素面或者只在器顶、底饰一小圈涡纹，包山、望山等级别较高的楚墓出土的铜敦也一概如此。而这件勾连云纹敦纹饰繁缛、华丽，其精美豪华与一般的楚式敦风格迥异，同时其所属墓葬的级别也不高，且出土地点远离楚国中心，故而其特征与内涵颇值得大家去研究和探查，也是不可多得的一件青铜珍品。

藏有这件勾连云纹敦的湖北秭归屈原纪念馆在1988年6月5日被盗，丢失战国时期青铜器9件，其中铜敦2件、铜鼎1件、铜壶3件、编钟3件，均系国家一、二级保护文物。其中尤以这件距今已有2400多年的铜敦最为珍贵。其后不久，有关部门获悉，失窃铜敦已经流失国外，且即将在纽约市场拍卖。

勾连云纹敦

根据联合国《关于禁止和防止非法进出口文化财产和非法转让其所有权的方法的公约》的规定，拍卖这件文物的苏富比公司应当将此文物归还中国。1988年11月，国际刑警组织中国国家中心局要求美国做出努力，协助中国警方追回这件本属于中国的国宝。同年11月28日，我国公安部高级官员约见了美国驻华使馆外交官，请求美方予以适当干预，协助暂时中止该文物的拍卖活动。

1988年11月29日《人民日报》在头版对我国失窃的战国铜敦在美即将拍卖的事件进行了报道。在中方要求下，苏富比拍卖行停止了拍卖，同时在中国方面提供了证明该铜敦所有权属于中国的材料后，美国索斯比公司将我国铜敦归还我驻美使馆。1989年5月29日，国宝铜敦在经此曲折历程后，安全归家，重新回到了祖国的怀抱。

第五章 独具慧眼——青铜器鉴赏

知识链接

商周青铜器动物造型

在秉承王权神圣意志的商王朝，青铜礼器被用于贵族君王的祭祀巫术活动，被当作崇贿神灵的神器虔诚跪拜。当时人们并没有把它当作艺术品来欣赏，但创制礼器的艺术家则成功地运用了完全符合这种社会功能表达的程式艺术，沿着一贯而既定的审美标准成功创制了难以计数的传世精品。兽面纹在商至西周的青铜礼器中是最主要的器饰主题和纹样，同时也与人面纹、鸟纹、夔纹、龙纹等交替互渗，似是而非，具有演化变体的多样造型，始终占领着象征神灵的主导地位。多数器饰的造型均为兽面纹居中，鼻、口垂直的扉棱两边对称，陪衬的副题花纹则点缀在次要位置。这些冷峻的神态造型，都更多给人以威严神秘的诡异色彩，突眼、獠牙、牛鼻、犄角，一副原始恐怖的假面。而在一件器物上同时铸有多种动物造型，有的则把几种动物特征复合成一个完整的造型，很像复合神的样子。这反映了当时社会是一个被动物神话图腾占据着的图像天地。富丽繁缛的器饰，周身布满由龙、凤、夔、虎、羊、牛等变形而来的装饰纹样。口端、顶盖、边沿也多铸造有神态生动的造型，动物凌厉的角和爪、卷曲的翅和尾、圆瞪的目、尖锐的牙等又常常被有意地加以突出表现。更多的则是以棱鼻为中心，两个侧身的夔形对接，正好拼成一个正面饕餮，同样形成尖角翻卷、双目圆瞪、龇牙咧嘴、利爪大张的状态。在众多造型中，饕餮的形象是最为恐怖的，即口中含着人头的凶兽，食人未咽，巨口大张，这种造型不但多见，而且都刻在尊贵庄重的礼器上。此外，鼎的把手和铜刀的刃部都以人头为征服对象。饕餮的变体造型也形态多样，有的似虎非虎、似羊非羊、

171

似牛非牛。其实，从众多纹饰中不难发现，凡有饕餮纹之处，配合纹饰多有夔纹，这说明夔纹才是饕餮的原形。夔本身已是经过变形幻化的图腾之物，夔又是由简化鸟的变形而来，在源流上经过了一个长期的演变过程。这些众多禽兽的造型无疑都是商朝乃至史前部族图腾的标志。虎、豹、熊、黑、猪、象、牛、羊等大多被归在鸟的大类之中，说明这些虎族、豹族、熊族、黑族等已经成为以鸟为图腾的殷商大族的一部分。久而久之，饕餮便被提炼成一个综合的奇形怪状的兽面。可见，兽面纹的确是一种神圣王权的象征。君主掌握了兽面神器，就意味着人神合一，至尊高贵，既拥有神的权力，也成了神之子及其化身。

永乐大钟

在 2000 年的除夕之夜，为迎接这一千年轮回的历史性时刻，一件有 580 多年历史的巨钟在零点时于北京的上空轰然而鸣，108 下钟声激越、磅礴，覆盖百里京华，也感动了炎黄儿女，这就是驰名中外的永乐大钟。此钟因铸于明代永乐年间而得名，现悬挂于北京西郊大钟寺内，以其 46 吨的傲然体魄享有"古代钟王"之誉。

大钟以铜、锡、铅合金铸成，配方科学，铸造工艺精湛，故受撞 500 多年，留存至今，仍完好如初，通体光洁，无一处裂缝。钟形弧度多变，周身无一点磨削加工痕迹，据冶金部门化学定量分析结果表明，大钟上下部位的成分均匀一致。同时大钟音色洪亮，撞击时传播遥远，尾音长达 2 分钟以上，方圆 50 公里皆闻其音。

第五章 独具慧眼——青铜器鉴赏

最绝的是钟身内外都铸有佛经、咒语，总计23万多字。字体工整、笔画坚韧。通篇无一错字、漏字，且字距相等。以火为笔，以铜为墨，堪称佛教文化和书法艺术的绝世珍品。

专家们将永乐大钟概括为"五绝"：第一绝是形大量重、历史悠久；第二绝是铭文字数之多堪称世界之最；第三绝是其钟声奇妙优美，堪称天籁；第四绝是其科学的力学结构，以一个很小的穿钉承担着40多吨的重力，500多年依然牢固如初；第五绝是其高超的铸造工艺。

15世纪初叶，明成祖朱棣迁都北京后，开始营建京师三大工程，即故宫、天坛和永乐大钟。

永乐大钟是在德胜门内铸钟厂铸造的。铸好后在万历三十五年（1607年）被移到北京西直门外万寿寺悬挂起来。清军入关后，在雍正时，据"阴阳五行"决定将此钟置放在风水宝地觉生寺。

永乐大钟堪称是集冶金、铸造、声学、力学之大成者，在铸成后的300年间，一直是世界上最大的钟。后来，俄国皇帝用了大量人力、物力，铸造了一口约19.3万千克重的钟。那口钟虽然在重量上超过了永乐大钟，但由于技术方面的原因，却从来没有敲响过。

永乐大钟最为引人惊叹的奇迹，莫过于将23万多字的佛经、咒语里里外外铸满了大钟的每一寸表面。满铸钟身内外的经文均为阳文楷书，是明初馆阁体书法艺术代表作。钟外所铸为《诸佛如来菩萨尊者神僧名经》、《弥陀经》和《十二因缘咒》，里面为《妙法莲花经》，钟唇为《金刚般若经》，钟纽处刻《楞严咒》等，计有经咒17种，皆汉字楷书，字体工整，古朴遒劲，23万多字的版面，

永乐大钟

一字不多一字不少，安排得匀称整齐。相传是明初书法家沈度的手笔。系先在宣纸上把经文写就，然后用朱砂反印到钟模上，再由工匠雕刻成凹陷的阴文而成。

击钟一下，字字皆声，"声闻数十里"，等于诵读一遍经文，自然是功德无量。

永乐大钟是采用泥范铸造的。铸时，几十座熔炉同时开炉，炉火纯青，铜汁涌流，金属液沿泥作的槽注入陶范，一次铸成。钟钮旁边四处不易觉察的疤痕，就是当初的四个浇铸口。整个过程必须天衣无缝、分毫不差，任何细微的差池便会引起"跑火"，招致全盘失败。当蓄满炉膛的万斛金汤奔泻而出后，这口万钧大钟便一气呵成了。回顾此情此景，500年前的手工作坊式生产，分明已经显露出了近代大工业的规模和气概。

永乐钟合金纯度考究。大钟含铜80.5%，含锡16%，还有铅、锌、铁、硅、镁等元素。这种成分配比，与《考工记》中的"六齐"项下的"钟鼎之齐"的记载极其近似。此器比较恰到好处地处理了钟的形状、厚薄与音质的关系，同时也考虑到了钟体合金比例对音质的影响。其合金强度、硬度比较适中，既有利于振动发声，又易于熔化浇注。一位外国铸造专家曾说过："永乐大钟的铸造成功，是世界铸造史上的奇迹，就是科学发达的今天也难以实现。"

永乐大钟铸成后，由于通体都是经文，根本不可能通过机械刮削来调音，但其钟声悠扬悦耳。中科院声学所有关专家测量分析认为："钟声中一些重要的分音相当准确地与标准音高相符合。"轻击时，圆润深沉；重击时，浑厚洪亮，音波起伏，节奏明快优雅。声音最远可传90里，尾音长达2分钟以上，令人称奇叫绝。

日本著名声学家北村音一教授在聆听了大钟的钟声后，由衷地赞叹："这是我听到的世界上最美妙的钟声。"

知识链接

青铜与西周八音之乐

《周礼》记载："凡六乐者，文之以五声，播之以八音。"这是说：商周时代的六部大型乐舞，在音乐形态结构上都以五声为基础构成，都用8种类型的乐器来组合演奏。文中所言"五声"，原意是指"宫、商、角、徵、羽"5个基本音级，这里是泛指礼乐作品的音乐形态和形式；文中所言"八音"，原意是指8种最基本的乐器类型，这里是泛指商周时代出现的各种不同类型的乐器。

继远古时代之后，商周时代乐器种类又有很大扩充，仅文献提到和记录到的就达70余种。从人类认识能力发展角度来说，同一大类事物品种的不断增多，必然会导致人们产生对这类事物进行再分类的理性追求。商周时代乐器品种的大量增多和广泛使用，在当时便顺理成章地引导出我国音乐史上最早的乐器类型划分——"八音"。

1．"金"类

这是指用金属（青铜）制为发音器体的一类乐器，如钟、铙、铃、铜鼓等。继新石器时代之后，青铜冶炼及其乐器制作技术在商周时代有了很大发展，青铜类乐器逐渐取代早前石、陶乐器的主导地位而成为此期最为引人注目的乐器类型。其中最具代表性的品种是钟类、铙类，此外还有西南民族地区的铜鼓等。

钟类乐器包括钟、镈等，均为悬鸣，即器口向下、器甬或器钮向上悬挂于架上演奏；铙类乐器包括铙、钲、句等，主要为执鸣或植鸣，即器口向上用手执柄或植柄于案上演奏，偶见有少数悬鸣；铃类乐器包括铃、铎等，腔体内均悬有舌，摇动时舌碰击腔体发声。

钟和铙单枚使用时称为"特钟"或"特铙";多枚不同音高的钟或铙成套编排使用时称为"编钟"或"编铙"。编钟和编铙早期枚数较少,后期枚数增多。如早期的殷墟妇好(妣辛)墓编铙,由不同音高的5枚铜铙组成;而属晚期的战国曾侯乙编钟,已由不同音高的64枚钟组成。

铜鼓

铜鼓是一种通体铜铸、形如"坐墩"的击器,可平置于地,亦可悬挂击奏。最早出现在文献所称"西南夷"地区。1960年和1975年,考古部门在云南祥云大波那和楚雄万家坝出土16具此形制铜鼓,年代为战国时期,是迄今所见年代最早之"蛮夷系"铜鼓。

"八音之中,金石为先"。这是说商周宫廷和贵族阶层的重大祭典和仪式音乐,都离不开钟、铙类青铜乐器和磬类石(玉)乐器。这些乐器都被视为最珍贵的礼乐"重器"而得到拥有者特殊重视:演奏时,它们多被放置在显要位置,并以数量之多少和形制之大小来显示主人的社会地位和权力。如钟类青铜乐器,按周礼规定:帝王使用时四面排列,称"宫悬";诸侯使用时三面排列,称"轩悬";卿大夫使用时两面排列,称"判悬";士使用时一面排列,称"特悬"。此即先秦文献所说:

王宫悬,诸侯轩悬,卿大夫判悬,士特悬。

铜鼓在西南少数民族中也属最为贵重和庄严的礼器,只有在氏族或部落重大礼仪和祭祀活动中才能见到使用这种乐器。

2. "石"类

这是指用石料、玉料制为发音器体的一类乐器,如磬、编磬等。

磬发展至商代，在制作上更趋精细，并出现多枚不同音高磬片组合成套来使用的编磬。商代早期编磬大多3枚一组，如殷墟出土的一套编磬就由3枚组成；后期枚数逐渐增多，有的多达40余枚，如战国曾侯乙墓编磬，全套有不同音高的磬片41枚，演奏时以音域为序悬挂32枚，另9枚作为备用件，随时换用。

磬也是一种礼乐重器，在商周上层社会的祭祀礼乐中，具有与青铜乐器相同的地位和作用。

3. "土"类

这是指用泥土烧制为发音陶体的一类乐器，如陶埙。

陶埙发展至商代，无论是制作形态还是音乐性能，都较前期有明显变化。此期陶埙形状大部分都被规范为吹口向上而可平置的平底卵形。音孔设置数量较前增多，一般可达5孔，所奏音列即呈不断完备的发展趋势。如河南辉县琉璃阁150号殷墓出土的一大一小两个陶埙，即为平底卵形，各有5个按音孔，可奏8个连续半音。

4. "革"类

这是指用动物皮革制为发音膜面的一类乐器，如各种型态的皮面鼓。

据考古发现，继远古夔皮鼓之后，以牛、羊等动物皮革作为膜面的鼓，逐渐在商周社会中得到广泛使用，这些鼓因使用场合和音乐性能不同而呈现多种形制。其中较有代表性的实物遗存如湖北江陵望山一号楚墓出土的虎座鸟架鼓，随县曾侯乙墓出土的膜面建鼓、小鼓等。

5. "丝"类

这是指用丝线制为发音琴弦的一类乐器，如琴、瑟、筑等。其中琴和瑟是弹奏类型弦乐器，筑是击奏类型弦乐器。

琴、瑟和筑，是继金石类打击乐器和骨陶（土）类吹奏乐器之后，在我国乐器发展史上最早出现的一类弦乐器。此类弦乐器在先秦文献中有较多提及，如《诗经》首篇"风"中所唱"窈窕淑女，琴瑟友之"（《周南》）的词句；《吕氏春秋》所记民间音乐家伯牙奏琴觅得知音和他所奏琴曲《高山》《流水》（曲谱1）的故事；以及《史记·刺客列传》所载荆轲欲刺秦王而有高渐离击筑而歌的记述，等等。这些记述表明：此类弦乐器自出现以来，便较多地在民众和称为"士"的知识分子阶层中广泛流传。由于丝类弦乐器皆丝弦木体，远古墓葬难于保存，依靠早期出土实物来确断诞生年代的可能性小于石、陶（土）类乐器，故推断：我国音乐史上这批率先出现的丝类弦乐器，年代当不会晚于西周。

迄今所见最早的琴、瑟类弦乐器实物，多为春秋战国时代文物遗存，其形态与后世的琴、瑟略有差异。如战国曾侯乙墓出土的十弦琴，与后世设七弦之琴略异，此可视为后世琴的早期形制；另同墓出土的二十五弦瑟，则与后世瑟大体相同。筑在此期主要见于文献，迄今所见筑实物遗存多为汉代筑，故商周筑实物遗存，还有待进一步考古发现。

6."木"类

这是指用木料制为发音器体的一类乐器，如敔、柷等。

敔和柷先秦文献中多次提到这两种乐器，如《尚书·益稷》载："合止柷敔"，意思是说乐曲在开始和终止的时候使用敔和柷。据传世敔柷实物形制和文献记载的用法可知：

柷，木制，形同木升，用椎击壁发声，以示乐曲的开始；

敔，木制，形如伏虎，用一端破成细条的竹筒逆刮虎背的锯齿发声，以示乐曲的终止。

7."匏"类

这是指用葫芦或木瓢制为吹奏体和共鸣斗体的一类乐器,如笙(葫芦笙)、竽等。

笙、竽也是商周时期新兴的另一类吹奏乐器,二者早期都用嵌簧的编管插入葫芦(即匏)以葫芦作为送气斗体和共鸣斗体而制成,后因形制略异便有了异名,所以一些历史文献认为竽就是不同形制的笙,如《吕氏春秋·仲夏纪》高绣注:"竽,笙之大者"。今见的笙、竽实物,多为春秋战国时期的墓葬遗物,如战国曾侯乙墓出土的6具笙,均残,但可见完整的簧管和插簧管的葫芦(匏)体。商周时代出现的各型匏类乐器,应被视为当今各类笙属乐器的祖先。

8."竹"类

就是用竹料制为吹管的一类乐器,如篪、箫等。

继远古骨管吹奏乐器之后,用竹管作成各形单管和编管的吹奏乐器,开始在商周时代兴起并得到广泛运用,其中最具代表性的品种是篪和箫。篪是一种竹质管底留节封口的单管横吹乐器,今见最早篪实物是战国曾侯乙墓出土的篪,此篪除吹孔之外,另设有5个按指孔,经研究者对复制品进行吹奏和测音试验,知其性能可平吹亦可超吹,音域可达3个八度。箫是另一种竹管编管竖吹乐器,由若干长短不等的单管排列编扎而成,因与后世出现的单管竖吹箫相区别,今又称排箫。迄今所见较为完好的此类箫遗物,是战国曾侯乙墓出土的13管箫,此箫每管可发一音,故全箫可奏出13个不同的音高。

综上所述,此时期各种乐器因用制作材料质地作为区分标准,按金、石、土、革、丝、木、匏、竹8类来予以划分，故得"八音"之名。这一后来被视作"先祖之规"的乐器分类方法，一直绵延使用了2000余年，直到清代末期才被民间兴起的另一种乐器分类法代替。

图片授权

全景网

壹图网

中华图片库

林静文化摄影部

敬　启

本书图片的编选，参阅了一些网站和公共图库。由于联系上的困难，我们与部分入选图片的作者未能取得联系，谨致深深的歉意。敬请图片原作者见到本书后，及时与我们联系，以便我们按国家有关规定支付稿酬并赠送样书。

联系邮箱：932389463@qq.com

参考书目

1. 陈燮君主编. 青铜器. 上海：华东师范大学出版社. 2013
2. 方广梅编著. 古代青铜器与司母戊方鼎. 长春：吉林出版集团有限责任公司. 2010
3. 秦小丽著. 新石器时代——早期青铜时代. 西安：陕西师范大学出版社. 2010
4. 贾文忠主编. 中国青铜器鉴定实例. 北京：紫禁城出版社. 2009
5. 吴来明等著. 古代青铜铸造术. 北京：文物出版社. 2008
6. 李飞编. 中国古代青铜器纹饰图典. 杭州：浙江古籍出版社. 2008
7. 马承源著. 中国古代青铜器. 上海：上海人民出版社. 2008
8. 陈志达著. 殷墟. 北京：文物出版社. 2007
9. 杜廼松著. 古代青铜器. 北京：文物出版社. 2005
10. 牛世山著. 神秘瑰丽：中国古代青铜文化. 成都：四川人民出版社. 2004
11. 李松，贺西林著. 中国古代青铜器艺术. 西安：陕西人民美术出版社. 2002
12. 李先登著. 商周青铜文化. 北京：商务印书馆. 1998
13. 徐昌义编著. 中国古代青铜器鉴赏. 成都：四川大学出版社. 1998
14. 于元等著. 中国文化知识读本 古代青铜器. 长春：吉林出版集团有限责任公司. 1970

中国传统民俗文化丛书

一、古代人物系列（9本）
 1. 中国古代乞丐
 2. 中国古代道士
 3. 中国古代名帝
 4. 中国古代名将
 5. 中国古代名相
 6. 中国古代文人
 7. 中国古代高僧
 8. 中国古代太监
 9. 中国古代侠士

二、古代民俗系列（8本）
 1. 中国古代民俗
 2. 中国古代玩具
 3. 中国古代服饰
 4. 中国古代丧葬
 5. 中国古代节日
 6. 中国古代面具
 7. 中国古代祭祀
 8. 中国古代剪纸

三、古代收藏系列（16本）
 1. 中国古代金银器
 2. 中国古代漆器
 3. 中国古代藏书
 4. 中国古代石雕
 5. 中国古代雕刻
 6. 中国古代书法
 7. 中国古代木雕
 8. 中国古代玉器
 9. 中国古代青铜器
 10. 中国古代瓷器
 11. 中国古代钱币
 12. 中国古代酒具
 13. 中国古代家具
 14. 中国古代陶器
 15. 中国古代年画
 16. 中国古代砖雕

四、古代建筑系列（12本）
 1. 中国古代建筑
 2. 中国古代城墙
 3. 中国古代陵墓
 4. 中国古代砖瓦
 5. 中国古代桥梁
 6. 中国古塔
 7. 中国古镇
 8. 中国古代楼阁
 9. 中国古都
 10. 中国古代长城
 11. 中国古代宫殿
 12. 中国古代寺庙

五、古代科学技术系列（14本）
1. 中国古代科技
2. 中国古代农业
3. 中国古代水利
4. 中国古代医学
5. 中国古代版画
6. 中国古代养殖
7. 中国古代船舶
8. 中国古代兵器
9. 中国古代纺织与印染
10. 中国古代农具
11. 中国古代园艺
12. 中国古代天文历法
13. 中国古代印刷
14. 中国古代地理

六、古代政治经济制度系列（13本）
1. 中国古代经济
2. 中国古代科举
3. 中国古代邮驿
4. 中国古代赋税
5. 中国古代关隘
6. 中国古代交通
7. 中国古代商号
8. 中国古代官制
9. 中国古代航海
10. 中国古代贸易
11. 中国古代军队
12. 中国古代法律
13. 中国古代战争

七、古代文化系列（17本）
1. 中国古代婚姻
2. 中国古代武术
3. 中国古代城市
4. 中国古代教育
5. 中国古代家训
6. 中国古代书院
7. 中国古代典籍
8. 中国古代石窟
9. 中国古代战场
10. 中国古代礼仪
11. 中国古村落
12. 中国古代体育
13. 中国古代姓氏
14. 中国古代文房四宝
15. 中国古代饮食
16. 中国古代娱乐
17. 中国古代兵书

八、古代艺术系列（11本）
1. 中国古代艺术
2. 中国古代戏曲
3. 中国古代绘画
4. 中国古代音乐
5. 中国古代文学
6. 中国古代乐器
7. 中国古代刺绣
8. 中国古代碑刻
9. 中国古代舞蹈
10. 中国古代篆刻
11. 中国古代杂技